AF245778

CINQ PREUVES

DE

l'Inexistence de Dieu

PAR

MYSON

(Dr Jules Carret)

MEMBRE DE LA LIBRE PENSÉE DE CHAMBÉRY

DEUXIÈME ÉDITION

PUBLICATION
DE LA LIBRE PENSÉE DE CHAMBÉRY
1908

CINQ PREUVES

DE

l'Inexistence de Dieu

PAR

MYSON

(Dᵣ Jules Carret)

MEMBRE DE LA LIBRE PENSÉE DE CHAMBÉRY

DEUXIÈME ÉDITION

PUBLICATION

DE LA LIBRE PENSÉE DE CHAMBÉRY

1908

Les exemplaires de la première édition ont été distribués gratuitement ; aucun n'a été vendu.

Des exemplaires de la deuxième édition sont réservés aux groupes de libres penseurs. Nous les céderons au prix de revient, — augmenté des frais d'envoi, s'il est le cas.

Le texte de notre publication a été remanié et accru de notes explicatives. L'auteur prie qu'on veuille bien lui signaler les défauts de son œuvre ; il tiendra grand compte des observations et des critiques, pour la rédaction d'une troisième édition.

Au nom du Comité de la Libre Pensée de Chambéry.

F. DÉNARIÉ.

S'adresser au citoyen F. DÉNARIÉ, *secrétaire de la Libre Pensée, 6, rue Saint-Réal, Chambéry, Savoie ;*

Ou au citoyen JULES CARRET, *2, rue Croix-d'Or, Chambéry.*

CINQ PREUVES

DE L'INEXISTENCE DE DIEU

Ma Thèse

Le Dieu que je prétends nier, c'est le Dieu des peuples les plus civilisés, le Dieu des religions évoluées et perfectionnées ; c'est le Dieu parfait qui, affirme-t-on, a créé le monde, qui le gouverne, et qui nous récompensera ou nous punira par son paradis ou son enfer.

Ma discussion laisse de côté les dieux inférieurs des peuples attardés en civilisation, et les dieux négligeables des populations sauvages ; car il n'est guère besoin de prouver leur inanité. Au surplus, ma quatrième preuve démontre que tous les dieux de toutes les religions sont de faux dieux.

Ma discussion omet pareillement le Dieu des panthéistes, qui est la Nature, ou le total de la matière et des forces, ou le total de l'énergie, ou l'ensemble des lois naturelles, ou la loi sublime qui doit concilier et résumer toutes les lois de toutes les sciences ; —

conception peu importante, vague, changeante, mal saisissable; — transition ou partage entre le théisme et l'athéisme, nécessaire à quelques esprits inhabiles à se décider.

Pour nier le Dieu créateur, gouverneur et justicier, je me propose de fournir ici cinq preuves directes et distinctes de l'impossibilité de son existence. Ce sont:

Le raisonnement d'Epicure;

La preuve par l'incompatibilité des attributs de Dieu;

La preuve par l'immutabilité de Dieu parfait;

La preuve par le nombre des religions;

La preuve par l'inexistence de l'âme.

I

Le Raisonnement d'Epicure

Les écrits d'Epicure ont été presque totalement perdus.

Son raisonnement sur l'existence de Dieu, quoique perdu, est célèbre, car on a maintes fois tenté de le réfuter. Nous le connaissons surtout par la réfutation entreprise par Lactance, un père de l'Eglise, presque libre penseur, qui mourut, à Trèves, dit-on, en l'an 325.

Nous ignorons la forme donnée par Epicure à son raisonnement. J'estime qu'on peut lui donner la forme que voici :

Le mal existe. Tous nous en souffrons. Nous souffrons par le corps et par l'esprit. Nous souffrons par les intempéries, la misère, les maladies ; nous souffrons par l'ignorance, par les vices, par les injustices, par les guerres. Des enfants ne naissent que pour souffrir et mourir. Il est des hommes pour qui la part de souffrances est si lourde que mieux vaudrait qu'ils ne fussent pas nés. Le mal existe.

Or, de trois choses l'une :

1° Dieu sait que le mal existe, peut le supprimer, et ne le veut pas : — un tel Dieu serait méchant, donc inadmissible ;

2° Dieu sait que le mal existe, veut l'empêcher, et

ne le peut pas : — en ce cas Dieu serait impuissant, donc inadmissible ;

3° Dieu ne sait pas que le mal existe ; — Dieu inintelligent et nul, donc inadmissible.

Aucune autre hypothèse n'est possible. Donc Dieu n'existe pas.

*
* *

Le raisonnement d'Epicure n'a jamais été vaincu.

On a objecté: — Les maux dont nous souffrons servent à nous éprouver et à nous améliorer.

— Mais, loin de nous améliorer, la plupart de nos maux nous détériorent. Pourquoi, du premier coup, Dieu ne nous a-t-il pas créés meilleurs? trouve-t-il plaisir à nos souffrances? Et, puisqu'il nous connaît à fond, à quoi lui sert de nous éprouver ?

On objecte: — Le mal est dû à la faute commise par le premier homme, dans le paradis terrestre.

— La science montre qu'il n'y a jamais eu un premier homme (1). Quant à la légende du paradis terrestre, on la trouve, avec des variantes, dans plusieurs religions mortes et dans plusieurs religions actuelles. Les chrétiens qui croient à cette légende et qui pensent que Dieu nous châtie pour la faute d'Adam et d'Eve, devraient apercevoir qu'ils font injure à l'intelligence et à la justice divines.

On dit encore : — La souffrance n'est pas réelle, elle n'est que dans notre imagination.

— Quand même le plaisir et la douleur ne seraient

---

(1) La note A, placée à la fin de cette brochure, expliquera comment « il n'y a jamais eu un premier homme ».

pas réels, ils auraient exactement pour nous la même valeur qu'étant réels. Si nous sommes réels, ils sont réels, puisqu'ils nous modifient. Et si, avec des efforts d'imagination, je parviens à douter que j'existe, je ne parviens cependant jamais à douter du plaisir ni de la souffrance, surtout de la souffrance.

II

Preuve par l'incompatibilité des attributs de Dieu

Chez les peuples civilisés, Dieu est qualifié par trois circonstances principales, dogmatiquement enseignées par les clergés et profondément empreintes dans les esprits :

Il a créé l'univers ;

Il guide et régit les mondes, que sa constante intervention préserve d'une catastrophe immanquable ;

Il nous récompense ou nous punit, suivant nos mérites ou nos démérites.

Dieu est créateur, gouverneur et justicier. Tels sont ses principaux attributs.

Il en a d'autres :

D'après le catéchisme en usage actuellement à Chambéry (page 25), Dieu possède toutes les perfections, et « ses perfections n'ont pas de limites ».

Dans le catéchisme qu'on m'a fait apprendre « par cœur » (Chambéry, Mgr Alexis Billiet, 1847, page 37), je retrouve cette demande et cette réponse :

« — *Quelles sont les principales perfections de Dieu ?*

« — Ce sont une puissance, une science, une sagesse, une bonté, une justice et une sainteté infinies. »

Dans le cathéchisme qu'ont étudié mon grand-père et mon père, je trouve (page 19) :

« — *Qu'entendez-vous par ces mots : Dieu est parfait ?*

« — Tout ce qu'on peut concevoir de perfection est en Dieu, et infiniment au delà ; rien ne lui manque.

« — *Qu'entendez-vous en disant que Dieu gouverne tout ?*

« — J'entends qu'il n'arrive rien que ce qu'il ordonne, ou ce qu'il permet ».

Les catéchismes protestants s'expriment semblablement. Dans le catéchisme de Genève, publié chez Bonnant, en 1802, je lis (page 55) :

« — *Quelles sont les perfections de Dieu ?*

« — Dieu est éternel, immortel, spirituel, présent partout, tout-puissant ; il connaît toutes choses, il est souverainement bon, parfaitement sage, saint et juste, il est immuable ; en un mot il est infini et parfait à toutes sortes d'égards. »

J'ai consulté, dans les bibliothèques publiques, d'autres catéchismes et d'autres livres ; je crois inutile de les citer : tous sont d'accord, tous affirment que Dieu est parfait, même « infiniment parfait » en toutes manières.

Retenons que le Dieu des civilisés est créateur, gouverneur, justicier, tout-puissant, éternel, infiniment sage, bon et juste.

Ces qualités, parce qu'elles sont infinies, ou qu'elles

se lient à l'idée de l'infini, sont contradictoires et inadmissibles ; et leur ensemble, qui est Dieu, est forcément inexistant. Je vais le démontrer.

* *

LE DIEU JUSTICIER. — Supposons qu'il existe un Dieu créateur et gouverneur des mondes, tout-puissant et très juste. Ce Dieu nous a créés et nous régit.

Nous sommes parce qu'il l'a voulu. Nous sommes comme il l'a voulu, comme il le veut, comme il le voudra.

Il a fait le milieu où nous sommes. Il nous a donné nos sens et notre esprit, nos moyens de percevoir et de raisonner ; il a prévu nos besoins, nos désirs, nos impressions, nos hésitations. Il a voulu les circonstances qui déterminent nos volontés. Il a limité nos libertés comme il lui a plu. Il veut donc chacune de nos pensées, chacune de nos intentions, chacun de nos actes (1).

Devant Dieu tout-puissant, créateur et gouverneur, l'homme est irresponsable. Dieu ne peut ni récompenser ni punir, car il serait injuste et absurde.

Quelle maladresse dans le créateur, réduit à nous éprouver afin de distinguer ceux qu'il a fait bons d'avec ceux qu'il a fait mauvais !

Quelle inhabileté dans le gouverneur qui ne parvient pas à nous bonifier !

Quelle injustice, quelle cruauté, quelle absurdité chez ce Dieu créateur et gouverneur qui nous punit de ce qu'il nous a mal conformés et mal régis !

Le Dieu créateur et gouverneur ne peut pas être justicier.

---

(1) La note B, expliquera ce que sont la volonté, la liberté, le libre arbitre.

Le Dieu justicier nie les perfections attribuées à Dieu créateur et gouverneur, notamment sa toute-puissance et son infinie sagesse.

***

LE CRÉATEUR ET LE GOUVERNEUR. — Dieu gouverneur montre avec évidence l'impéritie de Dieu créateur.

Si le mécanisme de l'univers était irréprochable, l'action d'un Dieu gouverneur serait superflue. Dieu gouverneur ne sert qu'à réparer, par une attention constante et à l'aide de retouches successives, les défectuosités de l'œuvre de Dieu créateur.

La toute-puissance et la sagesse infinie attribuées au Créateur nient le Gouverneur.

Le Gouverneur nie les perfections du Créateur, donc nie le Créateur.

***

LE DIEU D'INFINIE BONTÉ, LE BON DIEU. — Le Tout-Puissant pouvait nous créer bons. Il fit des bons et des mauvais : des heureux et des malheureux.

Je ne parle pas des biens et des maux de cette vie. Si longue soit-elle, cette vie n'est rien, absolument rien, en comparaison de la vie éternelle. J'ai en vue le paradis et l'enfer.

Les théologiens de toutes les religions d'origine biblique, de toutes les religions des peuples dits civilisés, — s'accordent à affirmer que le nombre des élus sera petit, que le nombre des damnés sera immense.

Dieu pouvait ne pas nous créer. Il nous a créés.

Dieu pouvait ne créer que les bons. Il les pouvait admettre directement dans son paradis, sans leur faire subir un séjour douloureux sur une mauvaise petite planète mal partagée, appartenant à un pauvre soleil perdu dans l'infinité des mondes. Il ne l'a pas fait.

Dieu peut, au moins, à l'heure de leur mort, anéantir les corps et les âmes de ceux qu'il juge mauvais et, par ce moyen, leur épargner une éternité de souffrances atroces. Il ne le fait pas.

Dieu veut donc peupler un enfer.

Comprend-on qu'un Dieu infiniment bon tienne à remplir un enfer ? — A qui les tourments des damnés seront-ils profitables ? aux damnés ?... à Dieu ?... aux élus ?... aux anges ?... A qui donc, quand il n'y aura pas d'autres êtres ?

Dieu se venge. Il est méchant.

En réalité, les hommes ont attribué à Dieu un sentiment humain, un sentiment animal. La vengeance est utile aux espèces animales, surtout aux sociétés animales. Chez l'abeille, qui meurt d'avoir piqué, la vengeance est admirable : c'est le plus pur dévouement. Chez Dieu, elle est particulièrement haïssable, parce qu'elle est inutile et sans danger. Les esprits religieux, très illogiques, enseignent tout ensemble que Dieu est infiniment bon — et qu'il se venge ! — « Vengeance, plaisir des Dieux », disaient les païens. Nous avons conservé quelques restes du paganisme.

Le Dieu qui peuple l'enfer nie les perfections du bon Dieu, il nie sa toute-puissance et son infinie sagesse ; il nie surtout sa bonté.

*
* *

LE DIEU INFINIMENT JUSTE. — Quand un homme meurt, son âme comparaît devant Dieu ; elle porte les

mérites et les démérites du défunt. Dieu juge infailli-
blement la somme positive des mérites, la somme
négative des démérites ; il retranche le négatif du posi-
tif et, selon que le reste est supérieur ou inférieur à la
mesure qu'il a souverainement fixée, il place l'âme au
paradis ou à l'enfer, pour toute l'éternité.

Il y a bien aussi le purgatoire, vestibule du paradis.
Nous le pouvons négliger : un millier, ou un milliard
d'années passées dans les flammes du purgatoire, ne
sont qu'un vrai zéro en comparaison de l'infini de
l'éternité.

Les bilans des mérites et des démérites humains
ne se séparent pas naturellement en deux catégories
distinctes. Ils se sérient, on le comprend, environ comme
les tailles des conscrits.

Qu'on relève, sur les registres des bureaux de recru-
tement, toutes les tailles des conscrits mesurées en
France durant une année quelconque : on verra que
les tailles supérieures à 1 m. 90 sont extrêmement
rares, que celles inférieures à 1 m. 40 sont pareillement rares, qu'au contraire les tailles voisines de 1 m 65
sont remarquablement nombreuses. Les nombres des
conscrits qui répondent à chacun des chiffres de la
toise sont bien représentés par une courbe continue,
laquelle dessine le profil d'une cloche.

De même, les bilans de nos mérites et de nos démérites, ordonnés suivant leurs grandeurs, doivent produire la courbe en forme de cloche. Les saints, les vrais
saints sont des exceptions. Les criminels qui, toute la
vie, se sont roulés dans le meurtre ou le sacrilège, sans
qu'aucun mérite ne vînt atténuer leur culpabilité,
sont semblablement exceptionnels. Vers le milieu

de la série, affluent les bilans de valeur moyenne, ils composent les grands nombres qui haussent le milieu de la courbe.

La proportion des élus est infime, parce qu'il à plu à Dieu de tracer sa limite, non vers le milieu de la série, mais proche de l'une des extrémités de la courbe.

**

Où qu'il l'ait tracée, sa parfaite justice veut certainement que les récompenses soient graduées comme les mérites des élus, que les châtiments soient gradués comme les bilans des réprouvés ; elle veut, qu'entre les moindres récompenses du paradis et les moindres tourments de l'enfer, la différence soit aussi petite qu'entre les moindres vertus et les moindres culpabilités, c'est-à-dire presque nulle.

Les théologiens de nos religions paraissent être de cet avis.

A leur chapitre des « Fins de l'homme », les divers catéchismes de Chambéry demandent si l'homme qui meurt avec plusieurs péchés mortels « sur la conscience » demeurera en enfer plus longtemps que celui qui n'en a qu'un seul. — La réponse est celle-ci : « Non, mais il y souffrira davantage. »

Le catéchisme protestant de Genève (Bonnant, 1802, page 103) demande : « N'y aura-t-il pas différents degrés de peines et de récompenses ? » — Il répond : « Oui ; la raison nous dit qu'il est de la justice de Dieu de proportionner la peine et la récompense aux différents degrés de vice et de vertu ; et c'est aussi ce que nous confirme l'Ecriture sainte... »

Or, en cette matière, il est impossible à Dieu de graduer ou proportionner : l'infini de l'éternité s'y oppose.

Toutes les récompenses du paradis sont infinies, toutes les peines de l'enfer sont infinies ; elles sont infinies en valeur, parce qu'elles sont infinies en durée. Je pense que je vais me faire comprendre.

***

Imaginons deux cylindres de platine, chacun de longueur infinie.

Le premier est un fil extrêmement ténu, semblable à ceux qu'on place dans les lunettes astronomiques. Il pèse un centigramme par mètre courant. Quel est son poids total ? — Sa longueur est infinie, donc son poids total est infini.

Le second cylindre est gros comme le bras. Il pèse cent kilogrammes par mètre courant, soit dix millions de fois autant qu'un mètre du premier cylindre. Quel est son poids total ? — Sa longueur étant infinie, son poids total est infini.

Quel est le plus lourd des deux poids totaux ? — Ils sont pareillement infinis ; ils sont égaux.

Qu'on grossisse ou réduise, autant qu'on le voudra, les intensités des joies de diverses catégories d'élus, qu'on les multiplie, ou divise, par cent, par un million, par un milliard : toutes sont de longueur infinie et toutes, en somme, sont infinies et égales. Il en est de même pour les peines de l'enfer.

Toutes les peines de l'enfer sont infinies ; toutes les récompenses du ciel sont infinies ; entre la plus petite récompense et la moindre peine, la différence est infinie.

La justice de Dieu est donc très imparfaite. Elle nie sa sagesse, elle nie sa puissance ; elle nie surtout sa parfaite justice.

***

Les attributs de Dieu parfait sont donc généralement incompatibles, et leur ensemble est inadmissible.

Le Dieu des religions civilisées présente en soi des contradictions qui nient son existence.

*
* *

Dieu, même perfectionné, même prétendu parfait, offre, irrécusables, les marques de la fabrication humaine (1).

III

Preuve par l'immutabilité de Dieu parfait

« Se déterminer à un vouloir, c'est se modifier. »

Je place cette proposition entre guillemets, parce que je la cueille dans le Traité de l'Existence de Dieu, de Fénelon (page 104, édition de Versailles).

Cette proposition est pleinement orthodoxe et pleinement admissible. Elle est presque un axiome. Il y a évidemment une différence entre l'être qui ne veut pas encore et le même être voulant.

Pareillement, agir c'est se modifier.

Nous voulons, nous agissons, parce que nous sommes imparfaits, parce que nous avons des besoins auxquels nous devons satisfaire, parce que nous tendons à nous améliorer, au moins à durer.

Supposons que Dieu existe. Dieu, par définition, est un être parfait, même « infiniment parfait » en toutes

____

(1) La note C, dira la signification de ces derniers mots.

manières. Or la perfection ne supporte aucune modification. Donc Dieu parfait ne peut ni vouloir ni agir.

Il est donc absurde de prétendre que Dieu a créé l'univers, car la création nécessite une volonté et un acte. Dieu parfait ne peut pas être créateur.

Il est absurde de prétendre qu'il gouverne les mondes, car ce gouvernement implique des vouloirs et des actions. Dieu parfait ne peut pas être gouverneur.

Il est enfin absurde de prétendre qu'il nous jugera, nous récompensera et nous punira, car il voudrait et agirait. Dieu parfait ne peut pas être justicier.

Même réduite aux termes qui précèdent, ma démonstration est complète.

Son aspect métaphysique est déplaisant. Il n'y a pas de ma faute. Les points métaphysiques sont Dieu et l'infinie perfection de Dieu : j'en devais parler.

Sa brièveté, encore, est déplaisante, parce qu'elle oblige à une gymnastique insolite les esprits qui sagement se sont tenus écartés de toute philosophie abstruse.

Qu'on me permette de donner une autre forme à mon raisonnement, afin de me faire comprendre mieux.

Par la pensée, représentons-nous Dieu avant la création. Dieu est seul dans l'espace, il remplit l'espace infini. Il est parfaitement heureux et parfaitement sage : rien, absolument rien, ne peut ajouter quoi que ce soit à son bonheur ni à sa sagesse. Il ne peut avoir aucun désir, puisque son bonheur est infini ; aucun but, puisque rien ne manque à sa perfection ; aucun vouloir, puisqu'il n'a aucun besoin, aucun désir, aucun but, aucun motif de vouloir. Il n'accomplit aucun acte, parce qu'il n'éprouve aucun vouloir ; il n'en accomplira jamais aucun, parce que jamais il ne formera aucune volonté. Il est, par sa perfection, inactif, immobile et immuable ; il l'a été durant toute l'éternité, et l'éternité n'a point d'origine.

A un certain moment de l'éternité, dit-on, Dieu a créé l'univers. Est-ce possible ?

Nous ne pouvons pas admettre qu'il ait créé l'univers sans le vouloir.

Nous ne pouvons pas mieux admettre qu'il l'ait voulu créer sans que sa volonté fût motivée et tournée vers un but.

Cherchez, et dites quels motifs ont pu lui venir de créer les mondes ? Aucun motif n'est imaginable, parce qu'en dehors de Dieu rien n'existe, et parce qu'en Dieu aucun changement n'a pu s'accomplir. Aucun but n'est imaginable, car à Dieu rien ne manque.

Il est absurde d'admettre que Dieu ait eu des motifs pour créer l'univers ; absurde d'admettre que la création ait été voulue sans motifs ; absurde encore d'admettre que Dieu a créé sans le vouloir, sans le faire exprès.

Trouvez quelque autre hypothèse.

*
* *

Ici, nous pouvons construire un trilemme semblable à celui du raisonnement d'Epicure.

De trois choses l'une :

1° Dieu parfait a créé l'univers, il a voulu le créer, et son vouloir était basé sur des motifs. — Hypothèse inadmissible, car Dieu ne peut avoir aucun motif de créer ;

2° Dieu a créé l'univers, il voulu le créer, et sa

vòlonté était sans motifs. — Hypothèse inadmissible, car Dieu très sage ne peut pas vouloir sans motifs ;

3° Dieu a créé l'univers, il l'a créé sans le vouloir. — Hypothèse inadmissible, car un tel Dieu serait fort éloigné de la perfection.

Une seule hypothèse demeure possible : Dieu n'a pas créé l'univers. — C'est la conclusion.

Dieu n'a créé ni l'univers, ni les anges, ni rien. Dieu parfait ne peut pas être créateur.

Les théologiens pensent se tirer d'affaire en affirmant :

1° Que pour Dieu, il n'y a ni passé ni avenir, mais seul un éternel présent.

Ce premier point, à la rigueur, est acceptable ; au moins, il serait acceptable si l'univers n'existait pas.

2° Que Dieu crée éternellement toutes choses.

Ce second point est inacceptable. Comment un objet qui ne dure qu'un temps peut-il être créé éternellement avant son apparition, et éternellement encore après sa disparition ? — C'est évidemment absurde et impossible.

Il faut déraisonner pour expliquer la création.

Nous pourrions, avec la même facilité, construire le trilemme relatif à Dieu gouverneur, et le trilemme relatif à Dieu justicier. Je me borne à les indiquer.

Celui de Dieu gouverneur commencerait ainsi :

Dieu parfait gouverne les mondes ; il veut et agit ; il a des motifs et un but.

Il conclurait ainsi :

Dieu ne gouverne pas les mondes.

Semblablement, le trilemme de Dieu justicier commencerait par cette première hypothèse :

Dieu récompense et punit ; il juge, veut et agit ; il a des motifs et un but.

Et conclurait ainsi :

Dieu parfait ne récompense pas et ne punit pas.

Réfléchissez, et vous apercevrez l'inéluctable faillite de Dieu parfait.

IV

Preuve par la multiplicité des religions

Suivant les estimations les mieux établies, il y a maintenant, sur notre globe, environ huit cents religions différentes. On ne compte pas les religions anciennes et mortes, dont le nombre serait beaucoup plus considérable.

Chacune de ces huit cents religions affirme qu'elle possède et enseigne la vérité. Chacune affirme donc que toutes les autres enseignent l'erreur et usent de pratiques vicieuses. Toutes sont ennemies. Entre les huit cents, il ne peut y avoir, au plus, qu'une religion qui soit vraie.

Il s'agit de connaître si, parmi les huits cents religions, il en peut être une qui soit vraie.

Toutes les religions ont semblable origine : toujours

Dieu s'est manifesté à un ou plusieurs hommes privilégiés.

Cette similitude est très remarquable. — Que de menteurs !... Et que de crédulité !...

Voici une religion quelconque :

Un homme a dit qu'il a vu Dieu et qu'il l'a entendu. Il y a de cela un siècle, ou des siècles. Cet homme mentait peut-être ; il était possiblement fou, ou visionnaire et malade, je ne puis pas m'en assurer ; je ne suis même pas certain qu'il ait existé.

On m'affirme que ce prophète a vécu, que d'autres hommes l'ont vu, lui ont parlé et ont recueilli ses paroles : les indications données par Dieu et par son prophète nous ont été pieusement transmises par la tradition. — Pieusement, oui ; mais fidèlement ?... je sais combien les traditions sont sujettes à être ornées, grossies et déformées.

Cependant je n'ai pas le droit d'hésiter en ce qui concerne cette tradition, car on m'enseigne que si je n'y crois pas et que si je n'obéis pas aux prescriptions de Dieu et du prophète, je serai cruellement puni durant ma vie et même après ma mort.

S'il y a un Dieu, pourquoi Dieu m'obligerait-il à croire ce qu'on dit de ce prophète, de cet homme ? Je sais qu'il a d'autres religions, d'autres prophètes. Mais comment pourrais-je choisir entre tous ceux qui prétendent avoir vu Dieu et l'avoir entendu ?

Il y a, me dit-on, les miracles, qui sont des preuves de vérité.

Non. Les miracles ne nous sont connus que par la tradition, et les traditions sont fallacieuses. Les miracles abondent dans toutes ou presque toutes les religions.

Il n'y a pas de miracles réels, il ne peut pas y en avoir, car Dieu parfait ne peut pas violer les lois que lui-même a voulues ; il n'est même pas vraisemblable qu'il ait jamais besoin de les violer. Les miracles prouvent la fourberie des uns et la crédulité des autres. Toutes les religions à miracles sont menteuses !

****

Pourquoi Dieu se manifesterait-il à un homme ou à quelques hommes, et pas à moi, et pas à tous ?

Ce point mérite d'être examiné.

Admettons qu'il existe un Dieu très puissant et très sage, et supposons-lui le désir de se révéler aux hommes et d'en obtenir un culte.

Ce Dieu très puissant peut se manifester à tous les hommes aussi facilement qu'à un seul ou à quelques-uns.

Il veut assurément que sa révélation soit assez certaine pour qu'aucun homme honnête et de bonne volonté ne puisse s'y tromper, ou ne puisse être trompé.

Et puisqu'il est très sage, puisqu'il connaît à fond l'esprit humain, — il connaît les altérations que comportent les traditions, et il connaît ou prévoit les incertitudes qui naîtraient de sa révélation restreinte à un homme ou à quelques hommes.

Il est inadmissible que Dieu choisisse le procédé suspect de la révélation restreinte et de la tradition. Il est évident qu'il lui préférera le procédé de la révélation universelle, de la manifestation constante et non douteuse.

Nous devons donc juger que toutes les religions qui disent adorer un Dieu puissant et sage, sont d'invention purement humaine.

En est-il d'autres ? Des clergés enseignent-ils que leurs dieux sont peu sages et peu puissants, qu'ils n'ont même pas la puissance de se manifester aux yeux de leurs fidèles ? — S'il est de telles religions, nous les pouvons négliger : ce n'est pas parmi celles-là que nous découvririons l'unique religion vraie.

*
**

Autre raison :

Toutes les religions admettent des châtiments et des récompenses, en ce monde ou durant une vie future. Toutes admettent que l'homme est responsable devant Dieu. Toutes admettent donc le libre arbitre (1).

Or, si Dieu est tout-puissant, le libre arbitre est une impossibilité, et devant Dieu l'homme est irresponsable.

Donc toutes les religions qui vénèrent un Dieu tout-puissant sont erronées.

*
**

Dernière raison :

Ici, nous pouvons nous servir d'un raisonnement à trois hypothèses.

De trois choses l'une :

1º Il y a un Dieu; ce Dieu a voulu se manifester aux hommes, et le nombre des religions prouve qu'il n'y a pas réussi.

Dans ce cas, Dieu est impuissant, donc inadmissible ; tous les cultes sont absurdes, et tous leurs dieux sont faux.

2º Il y a un Dieu ; ce Dieu n'a point voulu être connu de nous, et ne se soucie aucunement de nos adorations.

---

(1) Au sujet du libre arbitre, voir la note B, déjà citée.

En ce cas, tous les cultes sont absurdes ; et tous leurs dieux sont faux, car aucun ne ressemble au Dieu réel.

3° Il n'y a pas de Dieu.

En ce cas encore, tous les cultes sont absurdes et tous leurs dieux sont faux.

Aucune autre supposition n'est possible.

Donc, sans exception, toutes les religions sont absurdes ; et tous les dieux de toutes les religions sont des conceptions erronées.

V

Preuve par l'inexistence de l'âme.

L'ÉVOLUTION DE LA CROYANCE A L'AME

Qu'est-ce que l'âme ?

Anciennement, l'âme c'était ce qui anime, ce qui fait la vie. Les animaux, êtres animés, avaient nécessairement des âmes.

La Genèse (IX, 4, Bibles protestantes) dit : « Vous ne mangerez point de chair avec son âme, c'est-à-dire son sang ».

La Bible de Sixte-Quint, qui est la Bible déclarée authentique par le concile de Trente, prescrit (Lévitique, XVII, 13) de répandre le sang des bêtes avant d'en manger la chair, et ajoute aussitôt (Lévitique, XVII, 14) : Car l'âme de toute chair est dans le sang *(Anima enim omnis carnis in sanguine est)*.

Les Bibles protestantes, moins frelatées que les

Bibles catholiques, à la même place s'expriment de la même manière, et ajoutent : « C'est son âme ».

L'âme était aussi le souffle. Quand Dieu eut formé le premier homme avec le limon de la terre, il lui souffla sur le visage un souffle de vie, et ainsi l'anima (Genèse, II, 7).

*
* *

Platon, il y a près de vingt-trois siècles, avait admis que notre âme se compose de deux parties : l'âme animale et l'âme raisonnable.

Très tard, au quatorzième siècle, les scolastiques devinrent quelque peu platoniciens : ils jugèrent que chacun de nous jouit de deux âmes : l'âme animale et l'âme raisonnable. Celle-ci, disaient-ils, possède identiquement la forme du corps (1). Même le XVe concile œcuménique (Vienne, en Dauphiné, 1311-1312) déclara que « l'âme raisonnable est essentiellement la forme du corps humain », et il anathématisa quiconque oserait soutenir le contraire.

A cette époque, on croyait fort bien au paradis et à l'enfer, on parlait même déjà du purgatoire ; mais on persistait à penser que les hommes n'iraient au paradis ou à l'enfer qu'après la résurrection des morts, que le *Credo* appelle « la résurrection de la chair » *(carnis resurrectionem)* ; c'est-à-dire après la fin du monde, et après le jugement général auquel Dieu procèdera dans la vallée de Josaphat. Assurément les corps ressuscités auraient des âmes, puisque ressuscités, puisque vivants; mais pas leurs mêmes âmes : les chrétiens n'imaginaient pas la personnalité des âmes. Ils n'imaginaient

---

(1) Voir la note C, déjà citée.

pas mieux les jouissances ni les souffrances des âmes : elles n'étaient que la vie des corps. Les récompenses et les châtiments concernaient essentiellement les corps.

Le redoutable an mille, qui devait amener la mort de l'univers, était depuis longtemps passé ; les chrétiens ne croyaient plus à l'imminence de la fin du monde. Et l'institution du purgatoire promettait d'être fructueuse au point de vue financier. Le clergé jugea bon qu'il y eût un paradis, un enfer, et surtout un purgatoire, dès avant la résurrection de la chair et le jugement, dès la mort du corps.

Il enseigna l'immortalité de l'âme humaine : l'âme va en paradis, en enfer, ou en purgatoire, attendant le corps qui lui manque. Quoique immatérielle, l'âme souffre de l'action du feu.

*
* *

L'âme animale de l'homme s'effaça. Elle ne prolongea son existence que dans les théories médicales, sous le nom d'*esprits animaux*. Elle est complètement oubliée.

L'importance de l'âme raisonnable grandit démesurément. Les clergés, par leurs prières, ont le pouvoir de tirer une âme du purgatoire et de la mettre en paradis. Il suffit qu'on paie *(Tibi dabo claves...)*. Quelle idée les clergés et leurs fidèles se font-ils donc de la parfaite justice de Dieu ?

Le dogme de la résurrection de la chair est devenu gênant, au moins pour les catholiques. On n'en parlerait plus s'il n'était dans le *Credo*. A quoi servira le jugement de Dieu dans la vallée de Josaphat si, dès leur mort ou peu après leur mort, tous les hommes sont jugés et classés ? Actuellement, on l'appelle le jugement dernier, ce qui implique un jugement premier. Et on nous dit que nos corps ressuscités ne seront pas exactement nos corps, que ce seront des corps *glorieux !*

L'invention du purgatoire aura influencé l'histoire de l'humanité plus que toute autre invention : plus que celle de la poudre, ou celle de l'imprimerie, ou ce e de la vapeur, ou celle de l'électricité ; plus que la découverte de Copernic, plus que la découverte de Christophe Colomb, plus que les découvertes de Pasteur. De l'invention du purgatoire naquit l'idée que nous avons de l'âme ; — il en naquit aussi l'exploitation des indulgences, d'où les schismes de Luther, de Zwingle, de Henri VIII, de Calvin, d'où les guerres de religion et les persécutions, d'où le peuplement des États-Unis et de l'Afrique du Sud.

*
* *

On éprouva que l'âme mortelle des animaux jurait avec l'âme immortelle de l'homme. On ôta leur âme aux animaux : l'*animal* n'a plus d'*anima.* On n'a laissé l'âme qu'à l'homme qui, par cela même, n'est pas un animal. Les Bibles catholiques récentes, très expurgées, ne disent plus que l'âme de toute chair est dans son sang, elles disent : « la vie de toute chair... ».

Et on s'efforça de grandir la différence entre l'homme et les autres animaux. On enseigna qne l'homme, pourvu d'une âme immortelle, pense par le moyen de son âme, et est doué de raison ; que les animaux, au contraire, n'ayant point d'âme, n'ont ni la pensée ni la raison, et sont guidés par l'*instinct.* On alla jusqu'à soutenir que les animaux sont des automates.

Les hommes acceptent volontiers ce qui leur paraît avantageux ; il leur plaisait d'être placés loin au-dessus de tous les êtres vivants, il leur plaisait d'être immortels, il leur déplaisait de se sentir morts jusqu'au jour de la fin du monde ; ils goûtèrent ces doctrines.

La considérable évolution de l'âme ne s'est terminée que dans la première moitié du dix-huitième siècle. Elle produisit les spiritualistes, et aussi les spirites. Elle n'empêche pas les théologiens catholiques, grecs, anglicans, luthériens, calvinistes, d'affirmer qu'aucun des dogmes de leurs saintes religions n'a jamais varié.

Ainsi, aujourd'hui, pour les théologiens et pour leurs ouailles, — l'âme c'est cette part de nous-mêmes qui pense en nous ; c'est encore cette même part qui, immatérielle et impérissable, survit à la mort de notre corps pour être éternellement récompensée ou punie.

ARGUMENTS

Je crois à propos d'utiliser une contradiction, une des nombreuses contradictions des théologiens.

Quand ils veulent démontrer la nécessité d'une création et d'un créateur, ils disent :

— Si la matière et la vie ont toujours été, elles dureront toujours. Si elles doivent périr, c'est la preuve qu'elles n'ont pas toujours été, c'est la preuve qu'elles furent créées.

Et ils s'efforcent de nous persuader que le monde périra. — Quel monde ? — Notre planète. Elle tombera dans le soleil, ou gèlera, ou éclatera en fragments qui s'éparpilleront dans l'espace.

Nous pouvons aisément admettre la mort de notre planète, et ne point admettre l'anéantissement de toute matière et de toute vie. Notre planète n'est qu'une part imperceptible de l'univers. Et nous savons que, dans l'univers, il est constamment des mondes qui naissent et des mondes qui meurent.

Mais remarquons que sous cette proposition très métaphysique : *Ce qui a toujours été durera toujours,* se rangent symétriquement deux propositions jumelles:

1º *Ce qui doit périr n'a pas toujours été ;*

2º *Ce qui n'a pas toujours été doit nécessairement périr.*

Ils adoptent la première des deux jumelles, parce qu'elle les aide à argumenter en faveur de la création.

Ils feignent d'ignorer la seconde. Celle-ci prouverait que l'âme n'est pas immortelle. Les âmes n'ont pas toujours existé dans le passé ; elles sont créées ; elles sont donc destinées à périr.

Pour les catholiques, — sous les auspices d'Innocent XI, pape infaillible (1676-1689), — la Pénitencerie de Rome a déclaré que l'âme est donnée aux embryons mâles le quarantième jour de la gestation; et aux embryons femelles, moins dignes, seulement le quatre-vingtième jour.

Les théologiens doivent adopter les deux propositions jumelles, ou les repousser toutes deux. Il y a contradiction évidente à reconnaître la première et rejeter la seconde.

Choisissez, Messieurs ! — Si vous acceptez les deux, il n'y a pas d'âme immortelle. Si vous condamnez les deux, il n'y a pas de création.

On peut encore repousser tout ensemble la proposition mère et ses deux filles : repousser le créateur, la création et l'âme immortelle. C'est le parti raisonnable. Les théologiens ne le choisiront jamais.

***

Pour les esprits scientifiques, l'intelligence des animaux est certainement semblable à l'intelligence humaine, de même que le cerveau des animaux est certainement semblable au cerveau humain.

On trouve des degrés d'intelligence ; on en peut former une série allant des animaux les plus inférieurs jusqu'aux supérieurs. Nous nous plaçons au sommet de la série. J'admets que nous en ayons présentement le droit. Mais peut-être les corbeaux, les choquarts, les perroquets, les éléphants, certains singes, sont-ils imbus du même orgueil que nous. Reconnaissons, en tout cas, que notre espèce, depuis les temps du pithécanthrope, ou singe-homme, a accompli des progrès intellectuels énormes, que ces progrès sont relativement récents, et que ce n'est pas dans le lointain des temps tertiaires qu'elle pouvait sérieusement prétendre à la prééminence intellectuelle.

Nous observons chez les animaux, au moins chez ceux qui, dans la série, sont les plus proches de nous, tout ce que nos traités de morale se plaisent encore à appeler « les qualités de l'âme », à savoir l'intelligence, la sensibilité et l'activité. Comme nous les animaux cherchent le plaisir et fuient la douleur ; comme nous, ils éprouvent la sympathie et la haine ; comme nous, ils ont la mémoire, l'induction et la déduction, le jugement et même l'imagination. Oui, même l'imagination : voyez s'amuser un jeune chien ou un jeune chat avec un chiffon, et dites s'il ne s'amuse pas comme un enfant avec ses jouets ou sa poupée ; voyez un chien qui rêve, et dites s'il ne rêve pas comme un homme.

Le cerveau est indubitablement l'organe de la pensée.

Le cerveau de l'homme qui s'applique à un travail intellectuel, consomme certains matériaux et produit certains déchets, bien étudiés par la chimie physiologique. Le cerveau d'un animal qu'on force à penser, d'un éléphant ou d'un tigre qu'on inquiète, qu'on prive de sommeil, consomme exactement les mêmes matériaux et produit exactement les mêmes déchets.

Le cerveau de l'homme et les cerveaux des autres mammifères sont formés des mêmes éléments, qui sont les cellules cérébrales, ou neurones, et ils sont construits sur un même plan.

On a observé dans les hôpitaux nombre d'hommes qui, atteints de blessures intéressant le cerveau, ou atteints de tumeurs localisées, présentaient certaines lacunes de la pensée, ou présentaient l'impossibilité de certains mouvements. Souvent ces observations ont été complétées par des autopsies.

Dans les laboratoires de physiologie, on a pu, sur des animaux vivants, produire des lésions équivalentes, en s'adressant aux parties homologues de leurs cerveaux, — et ces animaux ont offert les mêmes déchéances de la pensée, ou les mêmes paralysies.

Il y a donc identité de fonctionnement entre le cerveau humain et les cerveaux des autres mammifères.

La différence essentielle consiste dans le nombre des neurones. Meynert s'est efforcé de compter les neurones du cerveau de l'homme civilisé : il en a trouvé un demi-milliard, et probablement il en a oublié. Aucun animal, que l'on sache, n'en possède autant.

En présence de ces faits, nous sommes amenés à dire :

Si l'homme pense par le moyen d'une âme, chaque animal pense pareillement par le moyen d'une âme;— et si les animaux n'ont point d'âme, l'homme n'a pas besoin d'une âme pour penser.

***

Il est bon que je relate ici les deux arguments principaux et classiques à l'aide desquels on croit prouver l'âme.

Premier argument. — Toute la matière organisée, tout ce qui vit, subit des changements incessants.Mon moi demeure invariable. Donc j'ai un corps qui est matière changeante et périssable, et j'ai une âme qui est immatérielle et impérissable.

L'erreur de ce premier raisonnement est saillante. Le moi varie comme le corps, parallèlement au corps. Il est clair que les sensations, les sentiments, l'expérience personnelle. les connaissances acquises, les pensées, les désirs, varient à mesure qu'on avance en âge. Tout ce qui constitue l'individualité, c'est-à-dire le moi, étant variable, évidemment le moi est variable.

Mon moi est toujours mon moi, exactement de la même façon que mon corps est toujours mon corps.

Remarquons en outre que le chien a un moi aussi indubitable que le moi de l'homme. Si le moi prouve une âme immatérielle et impérissable, le chien possède une âme immatérielle et impérissable.

Second argument. — Tout ce qui est matière est divisible. Or, ce qui pense en moi n'est pas divisible. Donc ce qui pense en moi n'est pas matière. J'ai donc en moi un principe pensant et immatériel : c'est mon âme.

Et, pour établir l'immortalité de l'âme,on ajoute :

— La mort consiste dans une division et une subdivision des parties. Mon âme est indivisible, donc elle est immortelle.

L'erreur se trouve dans les mots : « Ce qui pense en moi n'est pas divisible. » Voilà le point qu'il faudrait avoir prouvé.

Ainsi formé, le raisonnement constitue un cercle vicieux : — Vous croyez que ce qui pense en vous n'est pas divisible, parce que vous croyez à votre âme. Et vous croyez à votre âme parce que vous croyez que ce qui pense en vous est indivisible.

Ce qui pense en nous, c'est le cerveau. Le cerveau est certainement divisible.

Notons encore que, si le second argument était valable pour l'âme de l'homme, il serait valable pour l'âme du chien, ou de tout autre animal :

Les animaux pensent, donc ils ont une âme indivisible. Leur âme est indivisible, donc elle est immortelle.

Et nous tombons dans des absurdités :

Que deviendront, pendant l'éternité, les âmes immortelles des animaux? Toutes seront-elles malheureuses ? ce serait injuste. Toutes seront-elles heureuses ? ce serait également injuste. Toutes vivront-elles dans un état indifférent ? cela ne s'accorderait ni avec la sagesse ni avec la justice de Dieu. Il n'y a qu'un moyen d'arranger les choses, c'est qu'il y ait un paradis et un enfer pour chacune des espèces animales.

Les théologiens veulent-ils admettre un paradis et un enfer (pourquoi pas aussi un purgatoire?) pour les lapins, pour les poules, pour les mouches, les puces, et jusque pour les microbes de Laveran et de Schaudinn?

*
* *

En face des récentes découvertes de la physiologie, quelques théologiens disent :

— Oui, le cerveau est l'organe de la pensée. Mais le cerveau n'est pas véritablement ce qui pense en nous. Le cerveau n'est que l'instrument dont se sert l'âme ; c'est l'intermédiaire par lequel l'âme traduit au corps ses impressions et ses vouloirs. Si l'instrument est imparfait, la pensée pourra être rendue imparfaite ; si l'intermédiaire est tronqué, la manifestation de la pensée pourra être tronquée. Le cerveau de l'homme est divisible, ce point n'est pas contesté ; mais rien ne montre que notre âme soit divisible.

On peut répondre : — Non, rien ne montre que notre âme soit divisible, ni indivisible, car rien ne montre qu'elle existe. Supposons un instant qu'elle existe, et vous allez voir que votre système se heurte à une impossibilité.

Vous dites que le cerveau est l'intermédiaire entre l'âme et le corps. Il communique avec toutes les parties du corps par le moyen des nerfs, nous le savons. Mais comment l'âme communiquerait-elle avec le cerveau ? Comment l'immatériel pourrait-il agir sur le matériel ? par quelle force ? par quelle impulsion ? par quel attouchement ? C'est impossible.

Et si le cerveau de l'homme est pourvu d'une âme, les cerveaux des animaux sont nécessairement pourvus d'une âme ; et toutes ces âmes, pareillement immatérielles, sont pareillement immortelles.

CONCLUSIONS

Forcément, on doit choisir entre ces deux propositions :

1º Tout animal possède une âme ;

2º Ni l'homme ni aucun animal n'a point d'âme.

La première, nous l'avons vu, comporte des absurdités.

Nous sommes donc amenés à conclure que l'âme qui pense, que l'âme qui survit à notre corps, n'existe pas.

Et puisque nous n'avons pas une âme qui nous survive, qui puisse être récompensée ou punie, il n'y a ni paradis, ni enfer, ni purgatoire ; et le Dieu justicier, le Dieu essentiel des religions, n'existe pas.

***

Il vous reste peut-être un scrupule :

« Et la résurrection de la chair ? Pourquoi les corps ressuscités ne seraient-ils pas récompensés ou punis ? »

Bannissez ce scrupule.

Il est probable qu'aujourd'hui déjà, le poids total des animaux ayant vécu sur notre planète dépasse le triple du poids du globe.

Cependant, toute la masse terrestre n'a pas contribué à former les corps des animaux : à peine la millième partie de la masse, la portion la plus extérieure, qui comprendrait l'atmosphère, les mers et les terrains jusqu'à huit kilomètres de profondeur.

Si modestement qu'on calcule le poids total des individus de l'espèce humaine ayant vécu depuis le pithécanthrope, c'est-à-dire depuis les temps pliocènes, on trouve qu'il surpasse nécessairement le poids de la couche externe que nous considérons.

Il est certain que la plus grosse part de la substance des os et de la chair des hommes actuellement vivants a servi à constituer les os et les chairs des hommes qui ont existé avant nous.

La résurrection de la chair, ne fût-ce que de la chair humaine, est devenue impossible.

Et il est inadmissible que les mêmes molécules ou particules humaines puissent, durant l'éternité, se trouver à la fois en paradis et en enfer.

APPENDICE

Note A

Le Transformisme

Page 6 : « ... Il n'y a jamais eu un premier homme. »

La doctrine biblique. — D'où viennent les espèces végétales et animales que nous connaissons ?

Sur ce sujet important, la Bible s'exprime ainsi :

Le troisième jour de la création, Dieu créa les herbes vertes qui produisent leur semence selon leur espèce (*herbam virentem et facientem semen juxta genus suum*) ; et il créa les arbres qui, selon leurs espèces, portent leurs fruits, lesquels contiennent les semences conformes à l'espèce (...*lignum pomiferum faciens fructum juxta genus suum... et habens unumquodque sementem secundum speciem suam*). (Genèse, chapitre I, versets 11 et 12.)

Le cinquième jour, sur l'ordre du Créateur, les eaux produisirent, dans leurs espèces (*in species suas*), les grandes baleines (*cete grandia*) et toute âme qui vit et se meut (*et omnem animam viventem atque motabilem*) ; sans doute tous les poissons et toute la collection des animaux marins, puisqu'il est question de reptiles et même de toutes les espèces d'oiseaux (*et omne volatile secundum genus suum*). (Versets 20 et 21.)

Le sixième jour, la terre produisit les âmes terrestres, chacune dans son espèce (*producat terra animam viventem in genere suo*) : le bétail (*jumenta*), les reptiles terrestres (*omne reptile terræ in genere suo*), et les bêtes de la terre selon leurs espèces (*et bestias terræ secundum species suas*). (Versets 24 et 25.)

Le même jour, Dieu créa le premier homme et la première femme (*masculum et feminam creavit eos*). (Verset 27.)

Pour les lignes qui précèdent, j'ai traduit, résumé et cité la Bible de Sixte-Quint, ou Vulgate des catholiques.

Je n'ignore pas que les Bibles récentes offrent un texte qui diffère de celui des Bibles anciennes, et que le premier chapitre des Bibles protestantes n'est pas identique au premier chapitre des Bibles catholiques : — peu de Bibles parlent des baleines, parce que les baleines ne sont plus confondues avec les poissons, et qu'il ne faut pas que Dieu soit soupçonné de s'y être trompé ; — et, depuis que les animaux n'ont pas d'âme, les Bibles, ici, ne traduisent plus *anima* par *âme*, mais par *animal*, ou par *être animé*. Il serait inutile de chercher les divergences. Sur le point qui nous occupe, toutes les Bibles sont d'accord ; — la totalité des espèces végétales et animales que nous connaissons a été créée par Dieu, il y a environ six mille ans ; au moins le premier homme et la première femme, créés le sixième jour, datent d'environ six mille ans.

**

Les religions issues de la Bible (judaïsme, catholicisme, religion grecque, protestantisme) ont enseigné, et enseignent encore, que toutes les espèces végétales et animales que nous voyons ont été créées par Dieu ; qu'elles sont distinctes et invariables, parce que Dieu a mis en elles-mêmes leurs semences, et que les semences ne produisent que des individus pareils aux géniteurs. C'est un dogme ; et un dogme utile aux religions, puisqu'il a servi à démontrer l'existence de Dieu.

Les savants, dominés par les théologiens, enseignèrent que les espèces ne fusionnent jamais, parce que leurs rapprochements génésiques sont inféconds ; et parce que si, par exception, ils donnent naissance à des hybrides, ces hybrides eux-mêmes sont inféconds : tel le mulet. Quand un homme instruit et sagace, un Fracastor, un Cardan, un Bernard de Palissy, trouvait des fossiles et disait : Ce sont lesrestes d'espèces disparues,— aussitôt le chœur dessavants aidé des théologiens, lui répondait : —Vos pierres ne prouvent rien ; toutes les sommités, toutes les autorités ont affirmé que c'est un jeu de la nature *(lusus naturæ)*, ou un reste de la vertu formative *(vis formativa)* des eaux et de la terre.

Au pis aller, on admettait que quelques-unes des espèces créées par Dieu avaient bien pu s'éteindre naturellement, ou être exterminées par l'homme, ou par les bêtes carnassières, ou par le déluge universel. On admettait que, depuis la création, le nombre des espèces pût avoir diminué. On n'admettait pas qu'une espèce non créée fût apparue.

On n'admettait pas mieux qu'une espèce existante fût différente de ce qu'elle avait toujours été. Par les artifices de la culture, l'homme parvenait-il à obtenir des variétés ? les différences, maintenues à grand'peine, n'étaient que superficielles et disparaissaient, disait-on, dès que cessaient les soins du cultivateur.

*
* *

Plusieurs arguments destinés à prouver l'existence de Dieu, furent basés sur la croyance, alors universelle, à l'invariabilité des espèces.

Voici l'argument de Vanini.

D'où vient un grain de blé ? d'un autre grain de blé. — Et celui-là ? d'un grain antérieur. Et ainsi de suite. — Et cette série de grains de blé, qui engendrent annuellement ou presque annuellement, ne peut cependant pas être infinie et éternelle. Il faut nécessairement s'arrêter à un premier grain de blé, qui implique un créateur. Ce créateur, c'est Dieu. Donc Dieu existe.

A l'argument de Vanini succéda un argument semblable

et narquois, dont la vogue a duré jusqu'après le milieu du siècle dernier, jusqu'à la publication du livre de Darwin sur « l'Origine des Espèces ». On disait :

— La poule vient d'un œuf ; cet œuf vient d'une poule ; et ainsi de suite. Est-ce une poule qui a fait le premier œuf, ou est-ce un œuf qui a produit la première poule ?

Alors qu'on ignorait les espèces disparues, qu'on ne connaissait que les espèces existantes et qu'on les connaissait mal, — ces arguments pouvaient paraître irréfutables.

Darwin et Wallace, et avant eux Lamarck, et depuis eux Hœckel, Carl Vogt, Gaudry et bien d'autres, — ont démontré que les espèces végétales et animales sont variables, qu'elles se transforment constamment, soit par progrès insensibles, soit parfois par degrés brusques ; ils ont démontré que toutes les espèces existantes viennent d'espèces antérieures, déjà différentes, lesquelles elles-mêmes viennent d'espèces plus anciennes et plus différentes de celles que nous connaissons. Ainsi il n'y a jamais eu un premier grain de blé, ni une première poule, ni un premier œuf de poule, ni un premier homme.

*
* *

Nos ancêtres. — Parlons un peu de l'homme : c'est l'animal que nous connaissons le mieux.

Actuellement, les hommes sont de plusieurs races : il y a les blancs, les nègres, les peaux-rouges, les peaux-jaunes, les Akkas, les Eskimaux... Premier motif pour juger que l'espèce se modifie, et tente ses modifications en sens divers.

Les hommes qui vivaient il y a cinquante ou soixante mille ans étaient pareillement de races distinctes. Ils différaient assez de l'homme civilisé actuel : ils avaient le crâne moins vaste, plus épais ; les mâchoires plus massives, plus proéminentes ; les os des membres autrement conformés. Cependant ils ressemblaient, incomplètement, à certaines peuplades sauvages que nous connaissons.

Les hommes qui vivaient avant la dernière période

glaciaire, il y a trois ou quatre cent mille ans, différaient plus encore des hommes d'aujourd'hui. Je dis trois ou quatre cent mille ans, parce que ce sont des chiffres qui s'accordent avec ceux de Lyell. Ce très éminent géologue estimait que la dernière période glaciaire a pris fin il y a 100.000 ans ; il estimait qu'elle a duré 224.000 ans ; elle aurait donc commencé il y a 324.000 ans. Je ne garantis pas l'exactitude des chiffres de Lyell ; je garantis que ce sont ses chiffres. En pareille matière, nous n'avons que des évaluations provisoires.

Nous possédons des squelettes humains plus anciens que ceux dont je viens de parler : ce sont ceux de la race dite de Néanderthal, ou de Spy. Quand fut trouvée la célèbre calotte crânienne du Néanderthal, son aspect extraordinaire fit dire , par beaucoup de savants imbus d'idées bibliques : — « C'est le crâne d'un idiot, ce n'est pas le crâne d'une race ; on ne trouvera pas d'autres crânes semblables. » Depuis, dans la grotte de Spy (Belgique), on a trouvé des squelettes humains ayant des crânes semblables à celui du Néanderthal. Et on en a trouvés dans d'autres lieux. Il s'agit donc bien d'une race. Cette race diffère de toutes les races existantes. Certaines tribus australiennes lui ressemblent un peu : la ressemblance est éloignée. Les hommes de Spy avaient un crâne aplati ; un front fuyant, reculé ; des arcades sourcilières énormes ; des mâchoires saillantes, massives, prognathes ; une figure ressemblant à celles des singes ; une poitrine et des membres puissants, comparables à ceux du gorille. — Malgré ces différences, les hommes de Spy ressemblent certainement plus à nous qu'aux grands singes. Attendez.

En 1892 et 1893, à Trinil, dans l'île de Java, le docteur Dubois, de la Haye, découvrit des ossements d'un être qui est exactement intermédiaire entre les grands singes et nous. Quand il rapporta ces ossements en Europe, tous les savants, anthropologistes et naturalistes, voulurent les

voir. En Allemagne, on dit : « Ce sont les os d'un singe ».
En Angleterre on dit : « Ce sont les os d'un homme ». Cette
divergence marque à merveille, je pense, leur caractère intermédiaire. A l'animal dont il avait découvert les restes,
le docteur Dubois donna le nom de *pithécanthrope ;* ce mot
signifie singe-homme. Le pithécanthrope a été tiré d'un
terrain pliocène qui, exploré aux frais du gouvernement
hollandaispar Junghuhn, puis par d'autres, puis par Dubois,
avait fourni une belle quantité d'ossements d'animaux
pliocènes, d'un haut intérêt, tous d'espèces éteintes. C'est
dire que le pithécanthrope est extrêmement ancien, et
qu'on n'ose pas évaluer son ancienneté, même en centaines
de milliers d'années.

Enfin, dans la lacune qui sépare le pithécanthrope — des
grands singes anthropoïdes actuels, se placent plusieurs
singes d'espèces éteintes. Le plus voisin du pithécanthrope,
ou de l'homme, serait le *Pliopithecus*, découvert dans les
marnes d'eau douce de Sansan, par Edouard Lartet, en
1836. Plus écarté du pithécanthrope serait le *Dryopithecus*
trouvé par Fontan, à Saint-Gaudens.

Carl Vogt a montré, — qu'au point de vue de l'intelligence, comme au point de vue des formes, — il y a beaucoup plus de ressemblance entre les jeunes enfants des hommes et les jeunes enfants des grands singes, qu'entre les
hommes adultes et les singes anthropoïdes adultes. Cette
circonstance est importante ; elle indiquerait qu'il ne faut
pas chercher l'ancêtre commun du pithécanthrope et des
grands singes parmi les anthropoïdes existants (gorille,
chimpanzé, orang, gibbon), pas même parmi les anthropoïdes fossiles (*Pliopithecus, Driopithecus, Oreopithecus,*etc.)
mais plus haut dans la série. Les grands singes actuels ne
sont ni les ancêtres ni les frères de l'homme ; ils sont ses
cousins.

A une certaine époque, il y avait donc des pithécanthro-
pes, probablement de races diverses. Puis, par modifica-

tions graduelles, il y eut des êtres plus semblables à nous.
Les individus de la race de Spy, si nous le voulons, étaient
déjà des hommes. — Où est le commencement précis de
l'espèce humaine ? — Il n'y a pas de commencement
précis : il n'y a que des modifications graduelles. Et nous
comprenons bien qu'il n'y a jamais eu « un premier homme ».

***

LA SÉLECTION NATURELLE. — De même, il n'y a jamais
eu une première poule, ni un premier œuf de poule. Avant
les coqs et les poules que nous connaissons, il y avait des
oiseaux qui leur ressemblaient. Dans les terrains pliocènes
de France, et surtout de Pikermi, près d'Athènes, on a
trouvé les ossements d'un coq, d'un *Gallus*, qui est l'ancêtre
probable de nos coqs. Ce n'est déjà plus la même espèce.
Avant le Gallus de Pikermi, il y eut d'autres oiseaux,
d'espèces toutes éteintes, parmi lesquelles il faut chercher
l'ancêtre du Gallus. Et ainsi de suite, jusqu'aux premiers
oiseaux, — très étranges, puisqu'ils avaient des dents, des
dents de reptiles et une queue de reptiles : tel l'archœop-
terix des pierres lithographiques de Solenhofen.

Les oiseaux viennent des reptiles. Les animaux à sang
chaud viennent des animaux à sang froid. Les animaux
terrestres viennent des animaux marins. Les vertébrés
viennent des invertébrés.

Les formes les plus anciennes étaient les plus simples.
Vraisemblablement, les premières furent des sphères
microscopiques, molles, albumineuses ou glaireuses, comparables au *Bathybius Hœckelii*, sorte de gelée qu'on trouve
dans les profondeurs des mers, substance dont on doute
qu'elle soit vivante.

Ces formes premières furent supérieures mais comparables encore aux cellules artificielles de M. Stéphane Leduc,
cellules qui certainement n'ont pas la vie, et qui, dans un
liquide approprié, grandissent, bourgeonnent, se reprodui-

sent par sectionnement, exactement comme des êtres animés.

A partir de ces humbles globules muqueux ou albumi-
neux, les espèces semblent être allées toujours se perfec-
tionnant et se compliquant. Pourquoi? — C'est naturel
et c'est forcé. C'est l'effet de la « lutte pour l'existence. »
Il n'y a pas place pour tous les êtres qui naissent ; il n'y a
pas de la nourriture pour tous. Les individus les plus faibles, les moins perfectionnés, succombent sans avoir
engendré. Les espèces les moins bien douées se transforment ou s'éteignent. Seuls les plus forts, ou les mieux
préservés, parviennent à vivre et à se reproduire. Le
perfectionnement est forcé. C'est ce qu'on nomme « la
sélection naturelle ».

Voilà ce que nous enseigne le transformisme, ou darwi-
nisme.

Il n'y a pas à admirer, comme Fénelon, et comme tant
d'auteurs qui ont paraphrasé Fénelon, que chaque animal
soit pourvu de trois sortes d'organes : de ceux qui lui servent à se nourrir, de ceux qui lui servent à se défendre
ou à se mettre en sûreté, de ceux qui lui servent à se
reproduire. Ces trois sortes d'organes ne prouvent pas l'infinie sagesse d'un créateur : ils sont l'effet de la sélection
naturelle. Il est naturel que, dans un milieu donné, on
ne trouve que des êtres pouvant vivre et engendrer dans
ce milieu. L'animal qui aurait été dépourvu des moyens
de se nourrir n'aurait pas vécu, et on ne pourrait pas le
rencontrer. L'animal qui aurait été dépourvu des moyens
de se reproduire n'aurait pas perpétué son espèce, et il ne
nous serait pas donné de la voir.

Aujourd'hui presque tous les savants, au moins tous ceux
qui ne sont pas très vieux, sont transformistes. Le transformisme est enseigné dans le plus grand nombre des écoles.

Les arguments admiratifs de Fénelon, l'argument de
Vanini, celui de la poule et de l'œuf, et tant d'autres argu-

ments nés et propagés grâce à l'ignorance des causes, — ont été ruinés par les progrès de la science.

Note B

Le Libre Arbitre. La Volonté. La Liberté.

(pages 9 et 22)

LE LIBRE ARBITRE. — Il n'est pas facile de dire en quoi consiste ce que les théologiens et les philosophes appellent le libre arbitre et appellent aussi la liberté. Il est difficile de comprendre leurs idées et de les exposer, parce qu'elles sont diverses, parce qu'elles sont généralement absurdes et mêmes inconcevables, parce qu'ils fusionnent abusivement la volonté avec la liberté, et refondent le tout avec la grâce.

Selon la plupart des théologiens catholiques, et même selon la plupart des professeurs de philosophie de nos écoles, tout homme, pour chacun de ses actes, peut à son gré vouloir ou ne pas vouloir. Notre vouloir dépend de notre vouloir même : nous voulons vouloir et nous voulons ne pas vouloir.

Notre volonté ne relevant que d'elle-même, est exempte de toute contrainte, de toute nécessité, et c'est en cela disent-ils, que consiste notre liberté.

Nous sommes libres, donc responsables de nos actes. C'est

pourquoi il y a un paradis et un enfer, même un purgatoire.

D'autres théologiens concèdent que parfois notre volonté est régie par des sentiments, des appétits, des besoins, et est ainsi motivée et déterminée. Dans leur idée, cela n'empêche pas que nous jouissions d'un libre arbitre, ou d'une liberté, qui nous rend responsables et qui légitime le paradis et l'enfer.

Ainsi le libre arbitre nous conduit à de libres choix, à des choix dont nous sommes responsables.

— Mais on ne choisit pas sans motifs. Choisir sans motifs n'est plus choisir, c'est tirer au hasard !

— Notre volonté, affirment les théologiens, n'est influencée par aucun motif ni par rien : elle est souveraine maîtresse d'elle-même !

**

Sans la liberté ou le libre arbitre, pas de Dieu justicier, pas de religions.

Cependant les théologiens catholiques et non catholiques font intervenir la grâce. La grâce nous incline à vouloir autrement que nous n'aurions voulu sans elle ; elle viole donc notre libre arbitre. Incontestablement, si nous sommes mus par la grâce, nous n'avons pas le libre arbitre.

Sans la grâce, les clergés sont inutiles : ils perdent leur autorité et leurs bénéfices.

Comment le libre arbitre se marie-t-il avec la grâce ? — Fénelon dit qu'il y a là « un profond mystère ».

**

D'autres théologiens encore, catholiques et surtout protestants, vont plus loin : ils enseignent la prédestination et même la prédétermination. Ils se réclament de saint Augustin, de saint Paul, de Luther, de Calvin.

Les partisans de la prédestination professent que, de toute éternité, Dieu nous a désignés pour le paradis, ou pour l'enfer.

Les partisans de la prédétermination professent que chacun de nos vouloirs est voulu par Dieu.

Dans ces deux cas, notre volonté n'est qu'une illusion. Et que reste-t-il de notre responsabilité ?

Ces doctrines touchent au fatalisme. Seraient complètement fatalistes, ceux qui croiraient que tout ce qui arrive devait nécessairement arriver ; que rien de ce qui doit être ne saurait manquer de se produire ; que dans le passé et l'avenir, tout, même les volontés humaines, est prévu, voulu et régi par Dieu. Y a-t-il des gens complètement fatalistes ?

Nous sommes habitués à regarder la religion musulmane comme imbue de fatalisme. Cependant les mahométans, comme les chrétiens, croient à l'efficacité des prières de leurs prêtres, à l'utilité des visites dévotes aux lieux saints, à l'utilité des patenôtres et des autres pratiques religieuses.

Il y a du fatalisme dans toutes les religions qui admettent un Dieu puissant. Etre fataliste, c'est louer la puissance divine. On la loue, on la hausse, jusqu'au degré où confusément on aperçoit qu'on nie la justice et la bonté de Dieu.

Les fatalistes et les prédéterministes ont raison en un sens, et complètement tort dans l'autre. Ils ont raison d'admettre qu'avec un Dieu puissant, chacun de nos actes est nécessairement régi par Dieu. Ils ont tort de croire au paradis et à l'enfer.

Toutes les théologies consistent pareillement à joindre des principes inconciliables, et à les lier et nouer par des raisons abstruses. Elles visent (et c'est leur principale raison d'être) à induire les fidèles à recourir aux bons offices de leurs prêtres et à les bien rémunérer.

****

LA VOLONTÉ. — Tâchons de voir la réalité des choses.

Quand je suis en face d'un acte à accomplir, mon esprit en pèse, comme dans une balance, les avantages et les désavantages. Je ne dis pas que l'opération de la pesée soit toujours juste. — Ma volonté naît de l'opération. Je veux ou ne veux pas, suivant le plateau qui gagne.

Les actes pour lesquels je n'hésite point, et qui semblent spontanés, me sont dictés par la mémoire de pesées antérieures ; ou par de rapides considérations d'analogie, qui sont comme des pesées sommaires ; ou par des apparitions d'évidences, qui sont dans le même cas.

Ma volonté s'appuie sur des motifs ; elle résulte d'un jugement porté sur un ensemble de motifs ; elle conforme mes actes à mon jugement, c'est-à-dire à ce que je crois être mon intérêt.

Toujours ma résolution d'agir se proportionne à l'importance du résultat espérable. Je veux avec ardeur si mon intérêt est gravement engagé. Je veux mollement si le succès est de valeur négligeable, ou si la réussite est improbable. Je ne voudrai pas si la réussite m'apparaît impossible.

Je ne puis pas vouloir sans motifs et sans but. Je ne puis pas vouloir contre mon jugement, contre mon intérêt.

Qu'est-ce donc que la volonté ?

Ce que nous appelons volonté, c'est notre pouvoir de tourner notre activité vers le but visé par notre jugement. C'est une attention qui persévère, et qui produit les efforts, sans qu'il soit besoin de peser à nouveau les motifs déjà pesés.

Notre volonté implique une confiance en nous-mêmes une confiance qui s'appuie : d'un côté sur la valeur de notre jugement, et de l'autre côté, sur l'efficacité de notre action.

Je crois que cette définition de la volonté paraîtra juste à tous ceux qui ne sont pas théologiens, ou qui n'ont pas eu l'esprit déformé par les théologiens.

*
* *

La Liberté. — En quoi consiste la liberté ?

Ma liberté est mon pouvoir d'agir dans le sens indiqué par ma volonté.

Je sens que si je veux partir, je pars ; que si je veux rester,

je reste ; qué je puis, si je le veux, aller à Lyon plutôt qu'à
Grenoble ; par le chemin de fer ou par la grand'route, ou
par telle ou telle autre voie que j'aurai choisie. Plus étendu
sera mon pouvoir d'agir, et plus je me sentirai libre, Les
circonstances qui limitent mon pouvoir d'agir sont diverses et innombrables ; il y a les lois de mon pays, le manque
d'argent, les maladies ; il y a la loi morale qui dit que ma
liberté doit ne pas opprimer la liberté d'autrui, loi qui pèse
trop peu dans les balances des esprits mal sociables.

La liberté consiste donc à pouvoir agir ; elle ne consiste
pas à pouvoir vouloir. Il n'y a pas à la confondre avec la
volonté, qui est autre chose, ni avec le libre arbitre, qui n'est
rien.

*
* *

Revenons au libre arbitre. Résumons ce qui le caractérise.

Le libre arbitre serait notre faculté de choisir. Choisir,
c'est peser des motifs. Cependant le libre arbitre serait en
même temps la pleine liberté de tourner notre volonté
vers le oui ou vers le non.

La contradiction est évidente : on pèse des motifs et on
n'en tient nul compte. Vivrions-nous dans cette incohé-
rence ?

Si ma volonté ne dépendait d'aucun motif, si elle n'était
déterminée par rien sauf par elle-même, elle serait folle,
elle serait inconcevable. Si ma volonté possédait toujours
l'absolue indépendance de tout, mes actes auraient le
caractère le plus insensé, le caractère du pur hasard ; le
plus souvent, je me nuirais à moi-même ; je ne pourrais
pas longtemps exister.

C'est donc leur théorie qui est incohérente.

Evidemment la volonté n'est pas souveraine maîtresse
d'elle-même. Evidemment le libre arbitre n'est qu'une
chimère.

Note C

Origine des âmes et des dieux

(Pages 15 et 24)

Le dernier paragraphe de la Seconde Preuve eût pu être placé aussi bien à la fin du raisonnement d'Epicure, et répété à la fin de chacune de mes autres preuves. En effet :

Démontrant que Dieu n'existe pas, je démontre qu'il a été inventé par l'homme. — Qui donc, sinon l'homme, aurait imaginé Dieu et en aurait mis la croyance dans l'homme ?

De même, démontrant que l'âme n'existe pas, je démontre qu'elle a été imaginée par l'homme.

***

On peut indiquer, d'une façon satisfaisante, à quelle époque de son développement intellectuel l'homme a inventé les âmes, puis les dieux ; dire comment, de la croyance aux âmes naquirent les religions polythéistes, et comment le polythéisme produisit le monothéisme. Plusieurs auteurs de grand talent, parmi lesquels il faut citer de Brosses Dupuis, Tylor, Lubbock, André Lefèvre, ont écrit, non sans succès, des volumes sur ces sujets.

Si j'amassais ici, en quelques centaines de pages, les nombreux faits qu'ils ont récoltés dans les relations des explorateurs, et si j'additionnais leurs considérations et les miennes, aurait-on une nouvelle preuve de l'inexistence de Dieu ? — Non. Nous disons bien :

Un Dieu qui n'existe pas ne peut être qu'une invention de l'homme.

Cette proposition est fondée. La réciproque serait :

Dieu a été imaginé par l'homme, donc il n'existe pas.

La seconde proposition n'est pas rigoureuse. — L'homme imagine fréquemment des hypothèses, desquelles un grand nombre sont démontrées fautives et périssent, et desquelles un petit nombre sont reconnues justes et deviennent vérités acquises. Tel est le procédé par lequel progressent ordinairement les sciences. Il se pourrait que l'hypothèse Dieu, imaginée par l'homme, fût juste. Ainsi il ne suffit pas d'établir que « Dieu a été imaginé par l'homme », pour être autorisé à conclure : « Donc Dieu n'existe pas ».

Il importe cependant de démontrer que Dieu est d'invention humaine. En voici la raison.

Devant des auditeurs intelligents, développez deux ou plusieurs preuves de l'inexistence de Dieu. Vos preuves ne sont pas contestées : elles paraissent irréfutables. Seuls cependant, quelques-uns de vos auditeurs semblent pleinement satisfaits ; ceux-ci, avant de vous entendre, étaient athées, au moins libres penseurs : vous avez abondé dans leur opinion. Les autres auditeurs sont inquiets et gênés ; ils ne rétorquent pas vos arguments, parce qu'ils ne le peuvent pas ; mais ils ne rétorqueraient pas mieux des arguments en faveur de l'existence de Dieu. Pour eux, tous ces raisonnements sont des machines compliquées, dont il faudrait à loisir examiner les rouages ; leur fonctionnement produit une impression comparable à celle d'un tour de prestidigitation dont on ne devine pas le moyen ; ce sont des idées neuves qu'on devra patiemment ajuster aux notions acceptées, pour en connaître l'accord et le désaccord, avant de leur faire une place et un rang parmi ces mêmes notions.

En vous écoutant, les indécis ont appris qu'il y a des arguments contre l'existence de Dieu aussi bien que pour son existence. C'est quelque chose. Peut-être même éprouvent-ils que vos arguments surpassent en qualité ceux des théologiens. Mais des objections s'élèvent dans leur entendement.

Voici la plus grosse : — Se pourrait-il qu'il n'y eût point de Dieu, et que tout le monde y ait cru, même les plus grands philosophes, même les plus grands savants? Qui donc aurait pu tromper tout le monde ? Et pourquoi nous aurait-on trompés ?

A cette objection, vos auditeurs athées ont déjà répondu en eux-mêmes, au moins en partie. Vos autres auditeurs demeurent embarassés. Vous les aiderez puissamment en levant leur objection. Faites-leur comprendre comment et pourquoi l'humanité presque entière a été trompée, et votre explication leur vaudra mieux qu'une nouvelle preuve de l'inexistence de Dieu, car elle assurera chacune des preuves directes que vous avez données.

Je vais indiquer les éléments de la démonstration.

∗

GENÈSE DE L'AME. — La plupart des sauvages disent :

— L'ours tué est semblable à l'ours vivant, l'homme tué est semblable à l'homme vivant ; la différence est qu'ils ont perdu leur âme (leur vie) : elle s'en est allée avec leur sang. Il y a une deuxième différence : ils ont perdu leur souffle ; la vie est aussi dans le souffle ; peut-être l'âme du souffle est-elle la même que celle du sang. Il y a encore d'autres différences : ainsi leur cœur ne bat plus ; la vie du cœur est peut-être distincte des autres vies.

La plupart disent aussi :

— Notre ombre, qui nous accompagne quand nous marchons, est une âme. Elle a notre forme et elle accomplit tous nos mouvements. — Notre image que nous voyons dans un vase contenant de l'eau, est une âme différente de notre ombre.

Beaucoup croient que l'homme mort n'a plus d'ombre, et n'a plus son image dans l'eau.

Les arbres, les canots, les cases, les rochers ont leur ombre, donc ils ont chacun leur vie, c'est-à-dire leur âme. L'arbre brûlé, la case brûlée n'ont plus d'ombre.

Chacune des croyances que je relate ici est de celles qu'on qualifie de générales, chacune existe, ou existait récemment, chez des peuplades nombreuses, très diverses et très distantes, habitant l'Afrique, l'Asie, l'Océanie, l'Amérique. Cependant j'avertis qu'elles ne forment pas un corps de doctrine, et que nulle part peut-être on ne les trouverait toutes réunies.

Le sommeil et les rêves provoquent les réflexions des sauvages au moins autant que la vie et la mort.

— L'homme qui dort conserve le souffle, et son cœur bat. Ses autres vies le quittent : il ressemble à l'homme mort. Son âme, ou une part de son âme voyage ; elle va au pays des songes ; elle y rencontre des âmes de morts et des âmes de vivants. Les âmes des morts sont tristes et méchantes.

Ils ne doutent pas que les âmes des morts ne soient périssables. Dans leurs rêves, ils voient fréquemment les âmes des personnnes récemment décédées : l'âme de leur mère, celles de leurs frères, de leurs oncles ; ils cessent de voir les âmes de leur grand'mère, de leurs grands-oncles, des personnes depuis longtemps défuntes ; donc les âmes périssent. Les âmes des chefs, des hommes réputés, vivent plus que les autres.

Ainsi que « l'âme raisonnable » visée par le concile de Vienne, l'âme du défunt conserve la forme extérieure de son corps. C'est une forme vide ; elle reste un peu matérielle, puisqu'on lui ménage dans sa case, ou dans sa tombe, des ouvertures par où elle puisse passer ; puisque, chez plusieurs peuples, on tend des fils au-dessus des rivières, afin que les âmes puissent traverser.

Il n'est pas certain qu'à l'heure de la mort toutes les âmes quittent le cadavre pour n'y plus rentrer. Si toutes y rentraient, le cadavre redeviendrait-il vivant ? Il y a doute.

Quand le corps a été brûlé, ou mangé, ou jeté à l'eau et déchiqueté par les poissons, ou profondément enterré avec de grosses pierres dessus, ou totalement transformé en pourriture, il est probable que l'âme principale est tuée. Elle est au moins privée de sa forme, de sa demeure, et moins puissante. Cependant il est de ces âmes qu'on revoit longtemps encore dans les rêves.

Ce qui est certain c'est que les âmes des morts sont à craindre.

Pour le sauvage tout est à craindre, sauf peut-être les gens de la tribu. Les morts ont quitté la tribu ; ils appartiennent au peuple des morts. Et ils sont méchants : ils se vengent des injures et des torts passés ; ils punissent des hommages qu'on ne leur rend pas, des avantages qu'on ne leur fait pas. Ils tourmentent les vivants en plusieurs manières ; ils colportent et distribuent les maladies. D'où viendraient les maladies, si elles n'étaient données par eux?

On sait, par les songes, à quoi s'occupent les âmes des morts. Elles vivent une vie très semblable à celle qu'elles ont vécue ; les hommes vont à la chasse et à la pêche, ils tuent les âmes de cerfs et de saumons, les font cuire et les mangent ; ils guerroient contre d'autres âmes d'hommes ; ils font l'amour à des âmes de femmes ; les anciens tisserands tissent, les anciens forgerons forgent ; les sorciers soignent les malades, écartent des sorts ou jettent des sorts ; les chefs sont chefs, les esclaves demeurent esclaves ; les âmes des femmes s'occupent de la case, du bétail, des travaux agricoles, nourrissent des âmes d'enfants. On est certain que les âmes vivent de la sorte, puisque dans les sépultures on place les armes et les outils du défunt. Et ces existences sont tristes : on l'aperçoit bien par les rêves.

Ce que pensent les sauvages actuels, parvenus à un certain degré d'intelligence, — les hommes préhistoriques, parvenus au même degré d'intelligence, durent le penser : les armes, les outils, trouvés dans les sépultures préhistoriques le prouvent.

***

GENÈSE DES ESPRITS ET DES DIEUX. — Chez les primitifs préhistoriques et chez les primitifs actuels, l'hypothèse de l'âme avait commencé par n'être presque pas une hypo.thèse. On disait : « l'animal tué diffère du vivant par la perte de la vie,ou de l'âme. » C'était peu dire.Cela équivalait à exprimer qu'il y a des êtres animés, — et des êtres inani.més ou *désanimés*.

Afin d'expliquer les rêves, on compliqua cette donnée naïve : on accorda une âme aux choses inanimées ; on imagina plusieurs âmes aux êtres animés ; on convint qu'une âme survit au corps, survit même à la destruction du cadavre. Cette dernière âme, indépendante de toute matière, était déjà un esprit, — un esprit peu puissant et périssable.

Ainsi retouchée,l'hypothèse de l'âme servait à expliquer les songes, les évanouissements, les maladies. Cependant l'intelligence de l'homme, progressant, se proposait d'autres problèmes :

D'où vient le vent ? — Qui souffle ?

Pourquoi sans aucun repos, les rivières coulent-elles tou.jours dans une même direction ?

Où vont les nuages ? Qui les commande ? Pourquoi portent-ils la pluie à d'autres pays, et pas à nous ?

Qui fait briller l'éclair et sonner le tonnerre ?

Les âmes des morts, même réunies, ne suffisaient pas à produire ces phénomènes. Comment, inhabiles à se frayer un passage à travers la terre non tassée, inhabiles à déplacer un fétu, pourraient-elles courber une forêt sous leur souffle, déraciner ou briser des arbres, soulever les vagues, conduire les nuages, faire éclater le tonnerre ? Et dans quel intérêt ?

On imagina des esprits, différents des âmes, possédant d'autres vues et d'autres pouvoirs. On put les imaginer sans efforts, et la croyance s'en répandit, parce que déjà on avait l'idée d'âmes existant indépendamment des corps.

Tout devint explicable : les vents, la foudre, la grêle, les volcans, les tremblements de terre, les raz de marée, les fontaines intermittentes, l'arc-en-ciel, les aurores polaires, les étoiles filantes, les comètes, la naissance des hommes, les songes, la folie, les maladies, la mort. A quel phénomène ne convenait cette explication : « c'est le fait d'un esprit » ?

On donna des noms à beaucoup d'esprits. A quelques-uns des plus connus, il fallut attribuer une puissance formidable et une longévité illimitée ; — l'idée de l'infini n'avait pas encore pénétré dans l'intellect humain. Les esprits les plus puissants furent qualifiés de dieux. C'est le polythéisme.

Bientôt les esprits possédèrent et régirent le monde. Au point de vue humain, il y eut les bons et les mauvais, les anges et les diables, ceux d'en haut et ceux d'en bas. Chaque peuple avait ses dieux, chaque dieu n'avait qu'un peuple.

Les sociétés humaines grandissaient : les peuplades devenaient peuples, de petits chefs devenaient monarques. A l'image des dignitaires des cours, les dieux et les demi-dieux furent hiérarchisés.

Dans les luttes entre peuples, on tâchait de gagner la faveur du dieu majeur de l'adversaire. C'est pourquoi Rome tenait secret le nom de son dieu. C'est pourquoi Tyr, assiégée par Alexandre, enchaînait Melkart, l'Hercule tyrien, afin de l'empêcher de passer à l'ennemi.

Facilement le peuple vaincu négligeait son dieu principal et honorait celui du vainqueur.

Le nombre des dieux supérieurs alla se réduisant ; le nombre des sous-dieux, des dieux locaux, des dieux pénates, des dieux spécialisés à certaines besognes, continua de grossir.

Puis, dans des temps plus proches de nous, il y eut des peuples et des religions qui prétendirent à la domination générale. Leurs dieux et leurs dogmes durent se faire généralement acceptables. En même temps se posait le problème de l'origine de l'univers. Si vous dites que l'univers a été tiré du néant, si vous dites qu'il est le produit d'une volonté, vous n'admettez qu'un seul créateur, qui devient le dieu suprême. Nous voici aux religions monothéistes.

Iahvé, ou Jéhova, qui n'était que le dieu très partial des Juifs, est ainsi devenu le Dieu unique des nations les plus civilisées. Il n'était pas tout-puissant, puisqu'il était jaloux des dieux des peuples voisins. Il n'était pas présent partout, il ne remplissait pas l'espace, puisque pendant que les hommes construisaient la tour de Babel, il descendit du ciel afin de voir ce qu'ils faisaient (*Descendit autem Dominus ut videret civitatem et turrim.* Genèse, XI, 5). Il est devenu « parfait et infini en toutes manières ».

Les dieux et sous-dieux des nations converties ont longtemps continué à recevoir des hommages. Beaucoup ont été classés parmi les saints ; et très nombreux sont ceux dont les noms, plus ou moins défigurés, servent à nommer les communes et les hameaux dans toute la chrétienté.

*_**

SÉPULTURES. — Dans l'évolution de l'intelligence des primitifs, nous pouvons distinguer trois périodes :

1º Une période où ils ne croient ni à l'âme ni aux dieux, — par incuriosité, par défaut du besoin de s'expliquer les choses ;

2º Une période où ils croient à l'âme et n'imaginent pas encore les dieux. — Au début de cette période, l'âme n'est que la vie des corps vivants. A la fin il y a des âmes sans corps, qui sont déjà des esprits ;

3º Une période où ils croient aux dieux. — Elle commence aux esprits puissants, qu'on qualifie de dieux, et aboutit au monothéisme.

Durant la deuxième période, l'hypothèse de l'âme grandit ; les agissements des morts grandissent, et aussi la crainte des morts. Dès le commencement de la troisième période, on juge que l'action des esprits et des dieux explique beaucoup de choses qu'expliquait mal l'action des âmes.

Le pouvoir des âmes se restreint : on ne leur attribue plus les maladies, plus guère les songes. La terreur qu'inspiraient les âmes des morts diminue jusqu'à presque disparaître. L'âme tend à n'être que la vie des corps vivants, comme au début de la deuxième période.

A la première période correspond l'abandon pur et simple des cadavres. Ils sont laissés, sans sépulture, sans offrandes, là où la mort est survenue : dans la brousse, la prairie ou le désert ; souvent dans la hutte, ou la caverne, qu'on quitte si le cadavre gêne ou infecte. Les corps ne sont pas orientés.

On a enseigné qu'aux temps préhistoriques, l'abandon des morts fut pratiqué, sans aucune exception autre que l'anthropophagie, jusqu'à la période de la pierre polie, c'est-à-dire, pour l'Europe occidentale, jusqu'à l'invasion des Aryens. Des découvertes récentes permettent d'affirmer que des sépultures vraies datent d'époques beaucoup plus anciennes. Il faut croire qu'aux temps de la pierre taillée, il y eut en Europe des peuplades, de races diverses, d'intelligence très inégalement développée.

Les sépultures propres à la deuxième période, — j'en ai la persuasion, — diffèrent notablement des sépultures propres à la troisième.

A la deuxième période appartiennent les sépultures qui marquent la préoccupation de promptement détruire les cadavres : la crémation, la manducation du mort (hors le temps de famine) par ses proches ou par ses esclaves ; le corps livré aux chiens, ou aux porcs ; ou jeté dans le cratère d'un volcan, ou dans le gouffre d'une cataracte ; ou inhumé sans cercueil d'aucune sorte. Plusieurs de ces modes se sont perpétués, — notamment la crémation, qui était coûteuse et imparfaite, — parce que les religions, afin de paraître respectables, s'astreignent à suivre les errements des temps antérieurs.

A la troisième période, appartiennent des sépultures qui conservent plus ou moins les cadavres. On ne vise pas toujours à les faire durer, mais on ne redoute pas qu'ils durent, parce qu'on n'éprouve plus guère de frayeur à l'idée des âmes. — Ce sont les grottes sépulcrales naturelles ou artificielles, les dolmens ; les sépulcres proprement dits, mi-partie taillés dans la roche ; les puits funéraires, avec niches où les cadavres étaient préservés du poids des matériaux de remplissage ; les fosses maçonnées des Mexicains, les hypogées, les caveaux variés ; l'inhumation dans un cercueil résistant, de substance quelconque, dalles de pierre, bois, poterie ; le cadavre lié dans les branches d'un arbre et donné en pâture aux insectes et aux oiseaux, afin que son squelette demeure intact ; le cadavre, privé de ses entrailles, momifié par la dessication et les drogues (Egyptiens, Péruviens, Polynésiens). Squelettes et momies étaient recueillis, ornés et conservés dans des lieux saints.

Il y aurait beaucoup à dire des offrandes faites aux morts, des sacrifices d'animaux et d'êtres humains, des amulettes. Je me borne à indiquer que ces pratiques sont nées avec la croyance à la survivance de l'âme ; — que, sauf pour les chefs, pour les riches, les sacrifices d'êtres humains (esclaves, épouses) diminuèrent ou cessèrent quand on crut aux dieux ; — qu'à la même époque, on se déshabitua de déposer auprès des morts leurs armes et les outils de leur métier, que souvent on les remplaça par des effigies ; — qu'au contraire, les cérémonies funéraires, la décoration des tombes, les amulettes se multiplièrent et n'ont pas encore cessé de s'accroître.

Je ne dirai que quelques mots des clergés.

Dès que, dans une peuplade, il y eut plusieurs sorciers ils penchèrent à se syndiquer afin de mieux presser sur les chefs, de mieux exploiter les clients, et d'écarter la concurrence ; ce furent les premiers clergés. Quand les peuplades devinrent peuples, les clergés devinrent castes.

Chez presque tous les peuples, la caste sacerdotale posséda de grands biens et fut influente dans les affaires publiques. Elle se hiérarchisa, se recruta, s'instruisit; garda le secret des connaissances acquises. Il n'est pas rare qu'elle ait accaparé les pouvoirs civils et même le pouvoir suprême.

Presque toujours et partout, la caste sacerdotale aida les patriciens contre les plébéiens, les priviligiés contre les opprimés, les riches contre les pauvres. Presque toujours et partout, elle tendit à partager la société en classes très séparées, parce qu'elle devenait ainsi un intermédiaire indispensable, un instrument de gouvernement, et qu'elle y trouvait ses avantages. Presque toujours, la foi des clergés et leur intérêt les portèrent à réprimer les progrès de la science, à contraindre les peuples dans l'ignorance et la misère.

Durant la période de la croyance aux âmes, les sorciers prétendaient posséder un pouvoir sur les âmes. Durant la période de la croyance aux esprits et du polythéisme, les sorciers, les augures, les prêtres affirmaient encore qu'ils possédaient un pouvoir sur les esprits et sur les petits dieux, qu'ils étaient au moins en rapports constants avec eux et parvenaient à en obtenir des services. A l'époque du monothéisme, les prêtres, les popes, les ministres des cultes, assurent, appuyés sur la Bible, que leurs pouvoirs sont grands et qu'ils les tiennent de Dieu. (... *Jesus dixit... tibi dabo claves regni cœlorum. Et quodcumque ligaveris super terram, erit ligatum et in cœlis...* Jésus dit... je te donnerai les clefs du royaume des cieux. Et tout ce que tu auras lié sur la terre sera pareillement lié dans les cieux... Evang. S. Matthieu, XVI, 17 et 19).

Dans tout clergé il fallut une certaine proportion d'hommes convaincus de la sainteté de leur ministère ; ce fut une condition de l'existence de la caste.

*
* *

Hypothèses inévitables.—Il s'agit maintenant de montrer que l'hypothèse des âmes fut la seule possible, la seule imaginable pour expliquer la mort, le sommeil et les rêves ; et il s'agit que de montrer cette première hypothèse ne suffisant pas à d'autres explications, force était de venir à l'hypothèse des esprits et des dieux.

— Camarade qui lisez ces lignes, veuillez chercher avec moi. Pour un instant, figurons-nous que nous sommes des primitifs ; oublions les notions scientifiques apprises sur les bancs des écoles ou dans les livres, oublions l'histoire de l'humanité, oublions les dogmes des religions et ceux des philosophies. Nous sommes, vous et moi, des primitifs de l'époque du renne, des habitants des cavernes. — Deux questions nous tourmentent : Qu'est-ce que la mort ? Qu'est-ce que le sommeil ? — Nous cherchons quelque hypothèse qui explique la mort, quelque hypothèse qui explique le sommeil.

« Je crois être bien certain que la mort — c'est la privation de ce qui constitue la vie : la privation du mouvement, du souffle, de la parole, de la chaleur ordinaire, de la fluidité du sang, des battements du cœur ; c'est la perte de ce qui anime, de ce qui fait qu'on est vivant. Et je sens bien que le sommeil, qui ressemble à la mort, mais qui n'est pas la mort, consiste dans la perte momentanée d'une part de ce qui anime.

« Mon explication est intelligible : vous la comprenez comme je la comprends. Mon explication est vraie, vous en êtes certain comme moi.

« Ce qui *anime*, on l'appelle *âme*.

« Non seulement l'hypothèse de l'âme me paraît vraie, mais je déclare que je n'aperçois aucune autre hypothèse.

« Si vous en trouvez une autre, je vous serai fort obligé de me la dire.

« Et voici une bonne confirmation de la vérité de mon hypothèse : l'âme, ainsi que nous la comprenons, explique ce que sont les songes. Dans nos songes, nous voyons d'autres hommes, nous parlons avec eux, nous luttons contre eux ; c'est parce que leurs âmes viennent nous visiter durant notre sommeil, ou que nos âmes vont les visiter pendant qu'ils dorment, ou que les âmes se rencontrent au pays des rêves. Réfléchissez, camarade ».

Vous réfléchissez d'abord en votre qualité d'homme de l'époque du renne, et vous vous assurez qu'en dehors de l'explication par l'âme, vous ne trouvez rien, absolument rien qui vous puisse servir à expliquer la mort et le sommeil. C'est le point capital.

Puis vous réfléchissez avec votre cerveau d'homme civilisé. Et vous me dites :

—Votre explication de la mort n'est pas une explication, c'est seulement une définition. Même elle n'est guère lumineuse, votre définition. Vous énumérez des différences entre l'homme vivant et l'homme mort, des différences visibles et connues ; vous ne faites aucune hypothèse; c'est pourquoi votre définition est incontestablement vraie, M. de la Palice pourrait en être le père.

« L'hypothèse commence avec votre explication du sommeil ; elle s'aggrave avec votre explication des songes. Graduellement vous admettez que la vie du corps peut exister sans le corps, c'est excessif ; graduellement vous émancipez l'âme, vous en faites un être distinct et immatériel, c'est-à-dire un esprit, une sorte de sylphe.... »

Je vous réponds que vos appréciations me paraissent très exactes. Vous réfléchissez encore et vous dites :

— Il est clair que la mort est la cessation de la vie, que le sommeil est un mode de la vie, que les rêves sont un phénomène de la vie. Pour expliquer en quoi consistent la mort, le sommeil et les rêves, je ne puis m'appuyer que sur la notion de la vie. Vous me dites que la vie c'est l'âme, que l'âme c'est la vie. Il est donc tout simple que les seules explications possibles de la mort, du sommeil et des rêves soient fournies par l'âme ; il est évident que, hors de l'âme on ne trouvera aucune hypothèse qui soit acceptable.

« La moins inacceptable serait celle des esprits, mais les sauvages n'auraient pas imaginé les esprits avant d'avoir imaginé les âmes et de les avoir émancipées des corps. L'invention des grands paquebots n'a pas précédé celle des petites barques. »

Et vous concluez ainsi :

— Votre explication de la mort, du sommeil et des songes est très illogique, parce que graduellement vous faussez votre définition de la vie. Elle est très illogique, mais assez vraisemblable. Les primitifs ne pouvaient pas raisonner mieux. Ils ont dû commencer par définir la vie. Ils ne pouvaient pas la définir mieux que vous ne l'avez fait, et ils ont pu croire qu'ils expliquaient la vie et la mort. Tenant cette définition de la vie, ils ont voulu expliquer le sommeil et les songes, parce qu'ils étaient avides d'explications ; alors ils ont faussé le sens du mot *âme*, et ils ne pouvaient pas ne le point fausser.

— Mon cher camarade, nous sommes d'accord. »

On conçut donc que la vie peut exister hors du corps, au moins partiellement et momentanément. C'est l'hypothèse indispensable, la seule indiquée, la seule recevable. Cette hypothèse étant acceptée, il était immanquable qu'elle fût étendue. On l'étendit par besoin de connaître ; on l'étendit afin d'expliquer les phénomènes dont elle pouvait, avec quelque vraisemblance, donner la raison.

Des âmes furent accordées aux êtres inanimés ; c'était presque créer des esprits.

On admit que les âmes des morts survivent à la complète destruction du cadavre ; c'était créer des esprits.

Comme on avait étendu l'hypothèse de l'âme, on étendit l'hypothèse des esprits, parce qu'elle fournissait des explications nombreuses. On créa des esprits diversement occupés et puissants. Les plus puissants furent dieux.

Ainsi l'hypothèse des âmes conduisit nécessairement à l'hypothèse des esprits et des dieux.

L'intérêt des clergés et l'intérêt des gouvernants répandirent la croyance aux dieux et la rendirent obligatoire.

Elle a duré assez de siècles pour que, dans les cerveaux des hommes, elle ait empreint des habitudes et des tendances devenues héréditaires. Il est difficile de s'en exonérer.

***

La croyance aux dieux, ou à Dieu, est presque universelle ; mais d'autres croyances, moins nécessaires et moins aidées par les circonstances, se sont développées dans les cinq parties du monde. Exemple :

Quand ils aperçoivent le commencement d'une éclipse de soleil, plus de cent peuples, qui ne sont pas tous des sauvages, tirent des coups de fusil, battent leurs tambours, frappent sur des cuivres ou sur des planches, crient, pincent les oreilles aux chiens pour les faire hurler, et continuent le charivari jusqu'à la fin de l'éclipse. Ils pensent que le soleil et la lune sont aux prises et veulent s'entre-dévorer, ou qu'ils sont attaqués par les méchants esprits de l'air, enfin que l'un des deux astres au moins court un pressant danger. Ils comptent d'intimider l'agresseur, ou les agresseurs, par le bruit qu'ils produisent. On cite à ce sujet : les Mongols, les Chinois, les Cambodgiens, les Malais, les Turcs, parmi lesquels les habitants de Constantinople ; la plupart des peuples de l'Afrique du nord, du centre, du sud, de l'Afrique orientale, de l'Afrique occidentale ; la plupart des peuples indigènes de l'Amérique, depuis le Groënland, inclusivement, jusqu'à la Patagonie. Ils réussissent à chaque éclipse; et ils recommencent, parce qu'ils ont toujours réussi.

Il ne leur serait cependant pas difficile d'imaginer que, *dans l'air*, la lune passe entre le soleil et nous ; qu'elle passe sans heurter le soleil, en nous masquant seulement sa lumière. Ces charivaris marquent notre constante tendance à personnifier les objets inanimés et à leur attribuer nos sentiments ; ils marquent aussi notre confiance dans la valeur de notre intervention. Il est des hypothèses absurdes qui, bon gré mal gré, prennent place dans toutes les mentalités à une certaine phase de leur développement. C'est à croire que si les éléphants ou les singes venaient à s'inquiéter des éclipses, ils penseraient et agiraient comme les hommes.

Les exemples d'erreurs généralisées ne manquent pas ; on pourrait les sérier.

A un bout de la série, on mettrait les erreurs qui furent commises à la fois par tous les hommes. Ainsi tous les hommes ont cru que le soleil tourne quotidiennement autour de la terre immobile. Ces erreurs sont, d'emblée, véritablement universelles.

A l'autre bout de la série, seraient placées les erreurs qui furent le fait d'un seul homme, et qui se répandirent grâce à l'autorité de cet homme. Tel est le cas de Cuvier déclarant que l'homme fossile n'existe pas, et qu'on ne trouvera jamais aucun singe fossile. Les savants de tous les pays l'ont cru ; l'opinion des savants fait loi ; mais les savants ne sont qu'une infime minorité dans l'espèce humaine. On peut qualifier ces erreurs de généralisées, ou même de mondiales ; elles n'affectent pas la totalité de l'espèce humaine.

A distances diverses des deux extrêmes, seraient classées les erreurs nées dans un plus ou moins grand nombre de têtes, telles que les suivantes :

Tous les hommes ont cru que la terre est une surface plate ; la plupart persistent à le croire.

Tous les peuples ont cru, et croient encore, à des géants démesurément grands, à des nains invraisemblablement petits.

Tous les peuples ont eu la persuasion que les étoiles dites fixes sont réellement fixes, même clouées à une voûte, ou coupole, appelée *firmament,* laquelle tourne quotidiénnement sur son axe, qui passe par le pôle céleste et par l'observateur. Encore aujourd'hui, la presque totalité des hommes ont cette persuasion.

A toutes les époques, dans tous les pays, les hommes ont regardé les comètes comme les avant-coureurs des calamités extrêmes.

Dans tous les pays, on a cru trouver une tradition d'un déluge universel.

La pratique des envoûtements fut usitée chez presque tous les peuples ; elle dure encore.

La crainte de révéler son nom fut pareillement répandue.

La singulière pratique de la couvade a été constatée en Europe, en Asie, dans l'Amérique du Nord, dans l'Amérique du Sud.

L'astrologie dite judiciaire a fleuri chez les Chinois, les Mongols, les Chaldéens, les Egyptiens, les Grecs, les Latins, les Arabes et chez tous les peuples civilisés, jusqu'au temps de Louis XIV.

On a généralement cru que l'air est sans pesanteur ;

Que le feu est un élément, c'est-à-dire un composant des corps.

Faut-il mentionner le chant final du cygne, le regard venimeux de l'aspic, le rémora qui arrête les navires, le phénix qui renaît de ses cendres, le phlogistique ? Nous touchons au second bout de la série. Ici, les erreurs accréditées par l'autorité d'un homme ou de quelques hommes sont extrêmement nombreuses ; on en trouve à foison dans l'histoire de la médecine, de la philosophie, de l'économie politique.

Les erreurs de ce second bout sont savantes ; elles ne se répandent que si elles sont enseignées ; encore ne deviennent-elles jamais universelles. Au premier bout, si déjà elles ne sont pas universelles, elles sont au moins assez simples, assez peu savantes, pour pénétrer dans les entendements de tous les hommes : elles y parviennent avec plus ou moins d'aide.

Dans cette série, où placerons-nous la croyance à Dieu ?

Proche du premier bout, parce que l'inévitable hypothèse des âmes est certainement née dans un très grand nombre d'intellects qui s'entre-ignoraient, et parce que la croyance aux âmes conduit inéluctablement à la croyance à Dieu.

Reconnaissons cependant que les clergés et les gouvernants eurent constamment intérêt à propager la croyance à Dieu, et reconnaissons que leur action fut puissante. Jamais aucune autre erreur ne fut autant aidée. Elle fut soutenue par les trésors des Etats, par le monopole de l'instruction distribuée à l'enfance, par la menace de châtiments en ce monde et dans l'autre, par les tribunaux et les supplices, par les biens de la vie et par l'espoir de joies éternelles. Joignons-y les facteurs les plus efficaces des autres erreurs : le besoin de connaître et de croire, le penchant à amplifier, l'appétit du merveilleux, la moutonnerie des intelligences faibles.

Voilà pourquoi la croyance à Dieu est devenue quasi universelle. Voilà comment et pourquoi presque tous les hommes ont été trompés.

**

La science grandit ; elle nous libèrera de Dieu et des religions.

La religiosité est comme une maladie de croissance qui aura sévi sur l'humanité durant quelques milliers d'années, durant une courte phase de son développement ; c'est l'indice du besoin de s'expliquer les choses, c'est l'enfance de la science.

On voit le commencement des religions ; on en prévoit la fin.

TABLE DES MATIÈRES

7869-08. — Imprimerie F. DUCLOZ, Moûtiers (Savoie)

IMPRIMERIE F. DUCLOZ MOUTIERS (Savoie)